新媒体新闻典型案例评析

主　编：柳　青
副主编：金　颖　杨雅雯　许译文

东南大学出版社·南京

图书在版编目(CIP)数据

新媒体新闻典型案例评析 / 柳青主编 . -- 南京：东南大学出版社,2023.9
ISBN 978-7-5766-0796-3

Ⅰ.①新… Ⅱ.①柳… Ⅲ.①新闻工作-案例-中国 Ⅳ.①G219.2

中国国家版本馆 CIP 数据核字(2023)第 120071 号

责任编辑：陈　淑　责任校对：周　菊　封面设计：顾晓阳　责任印制：周荣虎

新媒体新闻典型案例评析
Xinmeiti Xinwen Dianxing Anli Pingxi

主　　编	柳　青
出版发行	东南大学出版社
出 版 人	白云飞
社　　址	南京市四牌楼 2 号　邮编：210096
网　　址	http://www.seupress.com
电子邮件	press@ seupress.com
经　　销	全国各地新华书店
排　　版	南京私书坊文化传播有限公司
印　　刷	南京玉河印刷厂
开　　本	787 mm×1092 mm　1/16
印　　张	10.25
字　　数	212 千
版　　次	2023 年 9 月第 1 版
印　　次	2023 年 9 月第 1 次印刷
书　　号	ISBN 978-7-5766-0796-3
定　　价	42.00 元

本社图书若有印装质量问题,请直接与营销部调换。电话(传真)：025-83791830

编 委 会

主　　编：柳　青

副 主 编：金　颖　　杨雅雯　　许译文

专家顾问：钱道远　　陈　功　　彭耀平　　郭　栋
　　　　　陈祥杰　　戴文霞　　廖　英　　董　辉

主要成员：邓　雪　　萧　湘　　黄盈霏　　陈炯钊
　　　　　邝宇轩　　尚梅艳　　曾裕涵　　谢洋慧
　　　　　龙舒慧　　杨　稳　　刘佩瑶　　毛　言

出版说明

　　本书选取了近三年来新媒体新闻传播的成功案例,特别对以主流媒体为代表的获奖新闻作品典型案例进行引导及评析,该教材作为我校网络与新媒体专业马克思主义理论研究和建设工程(简称"马工程")教材《新闻学概论》的配套用书,适用于本科院校新闻传播专业和网络与新媒体专业课程。该书同时也是湖南省本科一流课程和湖南涉外经济学院校级思政示范课程"新闻学概论"的建设成果。

序一 preface

到中流击水,浪遏飞舟

2023年"五一"国际劳动节前夕,一本教材、一套教程、一批案例,带着一种鲜明的时代温度、学术敏锐、蓬勃朝气、青春活力、勇敢探索和对职业的热爱,出现在我的电脑屏幕上。这是湖南涉外经济学院人文艺术学院副教授柳青老师给我发来的她和她的几位青年教师朋友最近所完成的书稿《新媒体新闻典型案例评析》全文。这亦是湖南涉外经济学院的这批青年教师,以其敏锐的嗅觉、年轻的激情、艰辛的劳动、踏实的努力,给新媒体教育及新媒体新闻教育、给湖南涉外经济学院人文艺术学院年轻的学子们,所奉献的一片心血和赤诚。

对于新媒体包括新媒体新闻创作与评论及其教学,我是一位绝对的外行——非本专业人士。我只是随着时代的潮流,在生活、学习和创作中,接触到了不少正以不可抗拒之势飞速发展的新媒体,深受其冲击、改变、鼓舞和启迪;同时,也只是常识性地了解到新媒体教学包括新媒体新闻创作与评论教学,是伴随着各种新媒体出现而诞生不久的新兴学科门类,一切尚在不断的成长、成熟和完善中。

然而,柳青老师等湖南涉外经济学院的青年教师们,如此及时地推出的这本教程,不但迅速地填补了这一教学领域教材的空白,而且很好地做到了时代需求、理论引导和实践范式相结合——既具有相当的理论色彩,又具有极强的可操作性和实践意义。这本教材极强的及时性、应用性、实践性和成长性,深深地吸引和打动了我,特别值得肯定、热荐和点赞。

从整体看,大如书中关于新媒体新闻总体立论框架的建构与设置,整整八大章,前卫新锐,宏观全面;细至其各章节之中,关于新媒体新闻概念阐释、多维度看新媒体新闻以及其价值内涵、创新案例、典型案例等之分述,观点新颖鲜明,例证生动精彩。特别是在"案例导读"这一极其具有创新性的"猪肚"部分,作者精心地选用了来自《人民日报》、中央电视台、新华社等央媒和凤凰网、新浪网等知名新媒体优秀的新闻创作和评论之实例,并用"导读"的形式,以"案例评析"等精读、精评、精析手段,为青年学子们进行了精准、细致、科学、全面、耐心的分析和导读,真正做到了聚焦准确、要点突出、有的放矢、深入浅出、生动活泼,一定会深受青年学子的欢迎,对他们产生很大的引导和帮助作用。

同时,在这种丰富而扎实的学术内容及精读、引导、示范和评析中,作者还鲜明地贯穿了一条思想和精神的红线——一定要让学子们懂得:在崭新的新媒体时代下,新闻的表现形式越来越丰富多彩,一定要善于勇敢地拿起新媒体新闻这一崭新的武器,讲好中国故事,并积极大胆地探索新媒体新闻的创新表达形式,同时,还必须认识到新媒体公信力还有很大的提升空间,一定要向主流媒体学习,自觉大力加强媒介的责任。新媒体工作人员来自各个行业。新媒体新闻人员更应具备和自觉地加强职业道德,大力提高自己的理论素养和政治素养。这种政治的要求、思想的召唤、精神的引领,更充分体现了学校和老师对学生"立言先立德、做人先正品"的期望和要求,为培养新一代的新媒体新闻人打下了最坚实的思想和信念的基础。

新媒体和新媒体新闻都是一种在实践中学,在实践中练,在实践中成长、飞跃和成才的行业和学问。借此评书荐书的机会,我作为一名老知识分子,还希望老师们在同学们的学习和成长中,除了引导他们一定要读好书、上好课外,还一定要把实践、实训和实战这"三实"的原则和经验,扎扎实实地身体力行,运用和贯彻到底,并为同学们不断创造这样"三实"的机会,将其作为考核同学们学习成绩和实际技能的一项重要标准和有效激励手段。

再次衷心祝贺《新媒体新闻典型案例评析》的出版!祝贺柳青老师和她

的年轻同事们,祝贺湖南涉外经济学院的老师和青年学子们!我坚信,在不久的将来,一批又一批优秀的青年学子,将从我们的湖南涉外经济学院走向三湘大地,走向全国,走向世界。

柳青老师和她年轻的同事们,在教学和学术上勇于探索与实践的精神,正是一种敢于"到中流击水"的精神,值得我们褒奖、学习和发扬光大!

是为序。

钱道远

2023年5月4日于四川成都峨眉电影集团

序 二

新媒体新闻是与时俱进的力量

非常高兴为大家呈现这本全新的《新媒体新闻典型案例评析》。本教材采用案例教学的方式，结合新媒体时代的热点事件和新闻现象，具体分析新媒体新闻的变化，帮助学生理解新媒体新闻创作的本质和要素。同时，本教材也涉及新媒体新闻的伦理、规范、职业素养等方面，旨在帮助学生更好地掌握新媒体新闻的核心知识和实践技能，培养学生的创新能力和实践能力。

新媒体时代的到来颠覆了传统媒体的格局，给新闻业带来了全新的机遇与挑战，也给高校的新闻传播教育带来了巨大的挑战和变革。2019年，我在麓山脚下参加由湖南大学发起的全国高校新闻传播论坛，听到了来自全国高校业内专家的讨论，会议围绕的中心主题是"媒介融合背景下，新闻传播专业的人才培养应该如何定位"，有位来自西安交大的学者的发言给了我深刻印象，她说在媒介变革的背景下，我们更应追问新闻传播教育者的初心，要从新闻传播的变化中看媒介融合背景的本质，那就是立足"内容生产者"的定位，以通识和理论、实践和技术等教学改革来培养更好的新闻人才。那次会议后我还得到了天津师范大学新闻传播学院韩诚老师的帮助，他无私地给了我网络媒体专业课程研究设置的材料。我很有幸在媒体剧烈变化的时代,和这么多资深的学者专家一起学习讨论,得到他们的帮助,体会到新媒体给新闻传播教育带来的进步的力量。

我所工作的湖南涉外经济学院,是一所应用型本科院校,对教学历来十分重视,对我们中青年教师的继续学习也给予了极大支持。2015年,在我校筹建网络与新媒体专业之初,我得到学校资助去到美国波士顿UMASS国际学院进行"媒介创新"项目的交流访问;2018年,学校再次支持我赴陕西师范大学新闻传播学院访问学习。回校以后,我以网络与新媒体专业的课程建设作为重点方向,和同事们进行了诸多探索与尝试。2021年,网媒专业"新闻学概论"课程获评省级一流课程,这激励着我和我的团队小伙伴们继续在新闻传播学课程的教学改革中砥砺前行。这一过程中我感受得最多的是新媒体新闻成了与时俱进的力量,它的发展带来了全新的新闻形态和传播方式,更是推动我们作为高校教师在学习上不断探索的动力。

本书作为我校网络与新媒体专业及汉语言文学专业的"新闻学概论"课程(马工程)教材的辅助教材编写出版,初衷也是回归我们作为高校新闻传播学教师的初心。在未来,新闻传播将会持续发展变化,为我们带来更多新的挑战和机遇,我们期待着更多年轻的新闻工作者和教师能够在这个领域中有所作为。

本书的编写由我和网媒专业年轻的教学团队成员们共同完成,在编写过程中得到了来自学校领导、同事、业内专家们的支持,特别是得到了我的恩师钱道远先生、郭栋教授和陈功教授的鼎力支持。本书援引了来自不同媒体、素未谋面的新闻工作者们的精彩案例,在此一并表示感谢。也因为初次编写教材,难免出现各种遗漏,恳请各位专家、学者、读者们提出宝贵意见和建议。

柳 青

2023年5月于长沙

目 录

第一章　新媒体新闻：打开更广阔的世界 / 001

　　第一节　新媒体——第五媒体的崛起……………003

　　第二节　如何学习新媒体新闻及评论……………011

　　第三节　新媒体新闻的生命力……………………014

第二章　多维度看待新媒体新闻 / 021

　　第一节　形式之新：新媒体新闻的多样化

　　　　　　呈现…………………………………………023

　　第二节　挑战之新：后真相时代新媒体新闻

　　　　　　传播的特性…………………………………028

　　第三节　机遇之新：新媒体新闻的公信力

　　　　　　建设…………………………………………032

第三章　新媒体新闻价值的内涵 / 037

　　第一节　如何理解新闻价值的要素………………039

　　第二节　新媒体新闻价值的判断…………………043

　　第三节　数据新闻：新媒体新闻价值的呈现……051

第四章　媒介融合背景下新媒体新闻创新案例 / 057

　　第一节　媒介融合：新闻领域的探索与发展……059

　　第二节　融媒体新闻：传统与创新的结合………061

　　第三节　H5新闻：传播领域的新生力量…………066

第五章　主流媒体网络新闻评论典型案例 / 073

第一节　新媒体时代新闻评论的价值引领 …………………………………… 075

第二节　《人民日报》引领的新闻评论:让党的主张成为时代最强音 ……… 080

第三节　新华社:引领舆论,展现媒体责任担当 …………………………… 085

第四节　央视新闻评论:守正创新、出圈出彩 ……………………………… 093

第六章　重大网络舆情典型案例 / 099

第一节　网络舆论:营造清朗的网络空间 …………………………………… 101

第二节　网络舆情:防患于未然 ……………………………………………… 106

第三节　网络暴力:谨防暗"键"伤人 ……………………………………… 110

第七章　国际形象宣传典型案例 / 115

第一节　全球化背景下讲好中国故事 ………………………………………… 117

第二节　从讲好中国故事看新媒体文化传播 ………………………………… 123

第三节　融媒体时代中国故事传播与国际形象塑造策略 …………………… 128

第八章　新闻媒介人员职业道德案例 / 133

第一节　新闻从业人员的职业道德 …………………………………………… 135

第二节　新媒体的社会责任和公民的媒介素养 ……………………………… 140

第三节　专题:这些媒体人了不起! …………………………………………… 145

参考文献 / 150

第一章 01

新媒体新闻：打开更广阔的世界

第一节 新媒体——第五媒体的崛起

一、导语

传播技术飞速发展的今天,媒介信息传播方式发生的深刻变化让公众都置身其中。基于人工智能、移动互联网、大数据、虚拟现实等新技术所形成的一系列新兴传播生态,不仅影响着与新闻传媒相关的信息通信技术、媒体格局、用户行为以及媒体与政治、社会、文化的关系,也给整个新闻行业带来了巨大挑战。随着网络技术和移动互联网的快速发展,新媒体已成为人们获取新闻资讯的主要途径之一。相比传统媒体,新媒体具有传播速度快、传播范围广、互动性强等特点,成为当今新闻传播的重要方式之一。

新媒体是在第四媒体(即网络媒体)的基础上发展而来的一种媒体形态,它采用了最新的科技手段和社交网络平台进行内容创作、传播和互动。新媒体利用大数据、云计算、人工智能等技术分析用户的兴趣爱好和行为习惯,提供个性化的推荐和服务,同时也可以利用社交媒体平台进行传播,通过用户的转发、评论、点赞等行为形成更加广泛的影响力。新媒体能够与用户进行互动,实现真正意义上的用户参与和共创,因此被称为"第五媒体"。

第五媒体的兴起对传统媒体带来了巨大的冲击,使得传统媒体不得不适应数字化时代的发展趋势,加快媒体融合步伐,提高内容质量和服务水平,以保持竞争力。而对于更多用户来说,第五媒体的出现也为他们提供了更加多元化、更加个性化的信息获取和传播方式,极大地丰富了他们的精神生活。

新媒体的发展推动了传媒行业的转型和发展,也带来了新的机遇和挑战。为了深入了解新媒体,我们可以从以下三个问题入手,开启新媒体新闻学习的第一步:

——新媒体是什么?
——它起源于哪里?
——新媒体新闻将有怎样的发展和变化?

二、重要概念

1. 新媒体(New Media)

新媒体通常指的是那些利用数字技术、网络传输或者交互式用户界面进行信息传播的媒体。它包括互联网媒体(例如社交媒体、博客、新闻网站等),以及数字广播、数字电视、其他各种形式的数字内容(例如电子书和移动应用程序)等。

新媒体的产生和发展与互联网技术的发展密不可分。20世纪80年代末90年代初,互联网技术开始迅速发展,人们可以通过电子邮件、即时通信等方式进行信息交流。1989年,万维网(World Wide Web)诞生,为互联网提供了更加方便快捷的浏览方式。此后,各种新型网络技术和应用不断涌现,如社交媒体、移动互联网、云计算等,为新媒体的发展提供了坚实的技术支持和基础。

新媒体在内容生产和传播上有着独特的优势。首先,它采用了大数据、云计算、人工智能等技术,提供个性化的推荐和服务,可以分析用户的兴趣爱好和行为习惯。其次,它可以利用社交媒体平台进行传播,通过用户的转发、评论、点赞等行为形成更加广泛的影响力。再者,新媒体还能够与用户进行互动,实现真正意义上的用户参与和共创。

新媒体的发展对传统媒体形成了极大的冲击和影响。传统媒体主要通过报纸、电视、广播等媒介进行内容的传播,但这些媒介的特点是单向传播、信息推送不及时、信息覆盖范围有限等。相比之下,新媒体可以通过网络和移动终端进行即时的、全球范围的内容传播和互动,大大提高了信息的传播效率和质量。这使得传统媒体不得不加快媒体融合步伐,提高内容质量和服务水平,以提高竞争力。

新媒体的发展也给社会、经济、文化等多个领域带来了深远的影响。例如,它为企业提供了更加广泛和精准的市场推广和客户服务方式,促进了电子商务的发展;它为公众提供了更加丰富、多样化、自由化的信息获取和表达方式,提高了公民的信息素养和文化水平;它为政府提供了更加高效、透明、参与式的公共管理和服务方式,推动了数字化政府的建设等。

可见,新媒体的产生和发展代表了数字化时代媒体发展的重要趋势,它将继续推动媒体融合、创新和发展,为社会带来更加广阔的发展空间和机遇。

2. 媒介融合(Media Convergence)

"媒介融合"的概念最早由美国马萨诸塞州理工大学的普尔(Ithiel de Sola Pool)教授提出,本意是指各种媒介表现出多功能一体化的趋势。这种关于媒介融合的假设更多地集中于将电视、报刊等传统媒介融合在一起。

媒介融合概念的提出与新媒体技术和市场的发展密不可分。20世纪90年代初期,互联网技术的快速发展和普及催生了新媒体,网络媒体也开始向传统媒体领域进军,互联网、电视、广播、报纸等媒体之间的融合日益加深。随着移动互联网、大数据、人工智能等技术的发展,媒介融合的形式不断扩大,程度也不断加深,媒体界出现了"万物互联、全媒体融合"的趋势。

媒介融合不仅是技术和业务层面的整合,更是媒体行业生态变革的重要推动力。传统媒体受到新媒体的冲击,面临着生存和发展的挑战,而媒介融合可以为其提供重塑、创新和发展的机遇。例如：新闻媒体在融合过程中可以采用多种媒体形式和内容形态，如文字、图片、视频等，满足受众多样化的信息需求；传统电视台也可以通过网络视频平台和移动终端提供互联网化的内容服务，扩大传播范围和用户群体。随着媒体融合本身不断地与新兴科技相结合，派生出新的新闻种类，如数据新闻、移动设备新闻、传感器新闻和人工智能新闻等。如今，更多形式的媒体融合新闻实践正广泛展开。

3. 全媒体（Omnimedia）

"全媒体"一词源自 1999 年成立的玛莎·斯图尔特生活全媒体公司（Martha Stewart Living Omnimedia），当时的"全媒体"概念只停留在扩张阶段，力求拓展新的媒体形态，并没有注重"全媒体"中传统媒体和新媒体的融合问题。

全媒体的概念产生于数字化时代，是一种媒体整合和转型的新模式，旨在为用户提供更加丰富、多元的信息和体验。随着技术的不断发展和市场的不断变化，全媒体的概念也在不断演变和发展。从最初的传统媒体和互联网的融合，到现在的多终端、多平台的整合和创新，全媒体的概念已经变得更加广泛和多元化。目前，全媒体已经成为媒体行业的一个关键词，被广泛应用于新闻、广告、文化、娱乐等各个领域。

全媒体是传统媒体和新媒体之间的整合和融合，是数字化时代媒体行业的新模式。随着技术的不断进步和市场的不断变化，全媒体的概念也在不断演变和发展，为媒体行业带来了新的机遇和挑战。全媒体的出现，改变了传统媒体的运营方式和内容创作方式，也为媒体行业的发展带来了新的机遇和挑战。在全媒体模式下，内容可以通过多种形式和渠道进行传播，例如网站、移动应用、社交媒体、电视、广播等。同时，用户可以通过不同的设备和渠道进行互动和参与，例如电脑、手机、平板等。全媒体还强调不同媒体形式的融合，例如文字、图片、音频、视频等形式可以组合在一起，以达到更好的传播效果。

三、案例导读

◇ 案例 1

推动媒体融合向纵深发展　未来将这么干

来源：《人民日报》，2019-01-27

"推动媒体融合发展、建设全媒体成为我们面临的一项紧迫课题"——25 日，习近平总书记在中共中央政治局第十二次集体学习时的重要讲话，鲜明指出了我国媒体融合发展的紧迫性和重要性。

如何尽快解答这一紧迫课题，推动媒体融合向纵深发展，做大做强主流舆论？广大新闻舆论工作者和高校新闻院系师生认真思考、热烈讨论。他们表示，要在全媒体时代积极担当新使命，以新作为为实现"两个一百年"奋斗目标、实现中华民族伟大复兴的中国梦提供强大精神力量和舆论支持。

"让党的声音传得更开、传得更广、传得更深入"

将"课堂"设在媒体融合发展的第一线、同采编人员亲切交谈、通过移动报道指挥平台与记者连线交流……25日习近平总书记主持的这场别开生面的中央政治局集体学习,令人民日报社新媒体中心主任丁伟倍感振奋。

近年来,人民日报社坚持移动优先战略,加快拓展移动传播阵地。目前已形成以人民日报"两微两端"为代表的移动传播新格局。"金台点兵"等45个融媒体工作室推出了《谁是站到最后的人》等一批融媒体产品,广受好评。

"推动党的声音直接进入各类用户终端,努力占领新的舆论场,是习近平总书记对我们提出的新要求、新期待。我们将继续做好传播手段建设和创新,通过个性化制作、可视化呈现、互动化传播,推出更多现象级新媒体产品;同时加快探索将人工智能运用到新闻采集、生产、分发、接收、反馈中,重点探索用主流价值驾驭的算法推荐模式,实现舆论引导和信息传播的精准化、个性化。"丁伟说。

这是媒体的一次自我革命,更是一场必须赢得的胜利。

复旦大学新闻学院执行院长、复旦大学上海新媒体实验中心主任张涛甫认为,全媒体时代,主流媒体通过融合发展,使正面宣传质量和水平有了质的飞跃,对凝聚人心、巩固全党全国人民团结奋斗的共同思想基础意义重大。

"主流媒体不能仅仅满足于出一两个'爆款',而是要成为具有成长性的平台,靠源源不断的精品力作说话。"张涛甫说,媒体融合就是要让主力军迁移到主阵地上。

这是媒体身处的全新战场,在未知与挑战中,他们发出更加嘹亮的时代之声。

在新华社全媒报道平台副总监徐壮志眼中,这个战场的吸引力并不亚于当年他作为一线记者奔赴的新闻现场。

从"新华全媒头条"创办到《四个全面》《红色气质》《太空日记》《大道之行》《领航》《父亲·我们·时代》等一系列现象级融合产品相继推出,从创新项目组、融媒工作室到适应互联网生态的新型采编架构,从单一文字、图片、视频供稿到满足各类媒体需要的多媒体融合线路,从机器人写稿到全球领先的"媒体大脑"、AI合成主播……新华社媒体融合发展迈出坚实步伐。自2015年7月新华社全媒报道平台建立以来,新华社打通全社采编、技术与新媒体加工各环节,重塑采编流程,探索出一套全媒体采编系统,实现在融媒体传播语境下"一次采集、N次加工、多元化传播与多终端适配"的发展之道。

徐壮志说:"习近平总书记的重要讲话,意味着新华社媒体融合发展迎来新的起飞。我们将以更大的融合力度,将党的声音以人民群众喜闻乐见的融合形式,传得更开、传得更广、传得更深入。"

"在向基层拓展、向楼宇延伸、向群众靠近上继续下功夫"

"为人民群众提供更多更好的文化和信息服务"——习近平总书记的重要讲话,让广大媒体工作者为自己立下新的奋斗目标。

中央广播电视总台中央电视台副台长袁正明说:"我们将以三台整合为契机,加大融合发展力度,聚力打造总台头条工程,让党的创新理论'飞入寻常百姓家'。实施'台网并重、先网后台'战略,把内容建设作为加强国际传播能力建设的核心环节,着力重大报道的全方位立体化传播,继续推出《平语近人》等一批引领主流价值的融合精品。创新升级建设'一网+一端+新媒体集成遥控平台+市场端口连接'的全媒体传播格局,加快5G新媒体平台建设,持续优化'4K超高清'频道、强化AI等技术引领,推动内容的精准分发和服务的精准触达。"

用户在哪里,新闻人就在哪里,已经成为媒体融合的共识。

广东广播电视台触电新闻总编辑郑敏璇说:"以往,我们只知道新闻播出了,却不知道谁看了报道、反响如何,现在可以利用大数据清楚知道谁是受众,传播更精准有效。我们将始终坚持利用大数据'赋能'主流价值,在向基层拓展、向楼宇延伸、向群众靠近上继续下功夫。"

这充满希望与光明的事业,正吸引着更多新生力量。

虽是寒假期间,中国人民大学新闻学院学生倪乐融依然在图书馆苦读。习近平总书记的重要讲话,让她回想起自己2015年在一家媒体的实习经历。

"那段火热而忙碌的日子,至今历历在目。"倪乐融说,无论与谁融合、怎么融合,反映基层实践、传递百姓心声、符合读者需求的融媒体产品才能拥有强大生命力。

她对自己的学习提出了更高的要求:"作为一名有志于从事新闻传播事业的学子,'两耳不闻窗外事'地闭塞读书是不行的,要抓住机会走到新闻一线,学习前辈们扑下身子、沉下心来、扎根基层的优良传统,用掌握的各种新技术,制作出获得人民认可的新闻作品。"

"我们要因势而谋、应势而动、顺势而为"

面对舆论生态、媒体格局、传播方式发生的深刻变化,习近平总书记强调,要因势而谋、应势而动、顺势而为,加快推动媒体融合发展。

"谁能顺应大势引领全媒体时代,谁就把握了战略主动。"兰州大学新闻与传播学院副教授刘晓程评论道。为此,兰州大学开设了"网络新闻传播"和"数字媒体技术"专业,加强融媒体技术教育,培养更多"一专多能"、符合全媒体时代要求的新闻人才。

互联网这把"双刃剑",推动了新的传播革命,然而也为新闻舆论工作带来新挑战。

"使全媒体传播在法治轨道上运行"——习近平总书记的这句话,让浙江省委网信办副主任王尧祥印象深刻。

"要从维护国家政治安全、文化安全、意识形态安全的高度,加强网络内容建设,全面提升技术治网能力和水平,强化法治意识,推动依法管网、依法办网、依法上网。"王尧祥说,目前,浙江网信部门探索"分业监管、联合执法"模式,率先推动落实省、市、县三级网信办互联网信息内容行政执法主体资格,加强对属地网站平台的依法管理。

不日新者必日退。在变革中勇于创新,在创新中赢得未来。

新年伊始,《中国日报国际版》正式创刊,网站、客户端及社交媒体账号等全媒体产品同步上线。

"放眼世界,受众的信息接收渠道、阅读习惯都在往手机端走,这就是'势'。"中国日报网副总编辑张春燕看完习近平总书记的重要讲话,深有感触地说,作为国际传播主力军,我们要科学研判国际舆论形势,抢抓直播和短视频发展机遇,加快布局海外短视频平台,针对不同地区和年龄的用户群体开展差异传播、精准传播,用外国受众听得懂、听得进的方式,进一步提升中国主流媒体的影响力和传播力。

【案例评析】

习近平总书记2019年1月25日在第十九届中央政治局第十二次集体学习时强调:推动媒体融合发展、建设全媒体成为我们面临的一项紧迫课题。要运用信息革命成果,推动媒体融合向纵深发展,做大做强主流舆论,巩固全党全国人民团结奋斗的共同思想基础,为实现"两个一百年"奋斗目标、实现中华民族伟大复兴的中国梦提供强大精神力量和舆论支持。

这段材料体现了政府在推动媒体融合和舆论引导方面的政策方向和重点,以及对媒体行业的发展和引领作用的期待。自媒体格局变化以来,政府一直在积极推进媒体融合转型。在这个过程中,重点是实现传统媒体向数字化、网络化转型,同时推动新兴媒体的发展。

《人民日报》的新闻作品同时也展现了广大新闻工作者和新闻院校师生对这一政策的积极响应和关注,表明了他们对媒体行业未来发展的信心和期待。

可见,无论是国家政府层面对新闻事业发展的重视,还是新媒体技术发展对于新闻行业的推动,新媒体技术变革环境中的"媒体融合"已上升至国家战略高度,成为提升我国"软实力"的具体目标,更是对新闻传播行业未来的改革和发展提出了新的要求。

◇ 案例2

文化之窗|ChatGPT除了"机器人即将入侵"的网络狂欢还带来了什么?

来源:《大众日报》,作者:田可新、朱晓聪,2023-03-04(内容有删减)

近日,美国人工智能研究实验室 OpenAI 推出的一款全新聊天机器人模型 ChatGPT,正掀起新一轮 AI 革命。全球各大科技公司竞相角逐,百度确认将推出"文言一心",阿里、京东、网易、腾讯等公司也在相继跟进。机器人会思考这件事已成为某种意义上的可能。人们曾经用以自嘲的那句"人类一思考,上帝就发笑",改成了"机器人一思考,人类就发笑"。未来,人类还能笑得出来吗?

尚不能"以情动人"

作为一种由 OpenAI 开发和训练的对话式大型语言模型,ChatGPT 能理解人类提问的逻辑和意图,并预测下一个单词或语句的模型,利用深度学习算法生成与人类语言非常相似的自然语言,可以用于对话聊天、文本生成、情感分析、数据分析、助理工作、文本标注、语言翻译、语音识别等种种范畴。ChatGPT 是机器和人类之间基于文本的交互形式,与此前的聊天机器人相比,它更具备拟人化的响应模式,能够依据上下文作出灵活而人性化的回答。可以说,ChatGPT是目前在行为表现上最接近人类思考方式的AI模型。

"判定一个机器是否具备了人类智能,可以借助图灵测试。如果一台机器能够和人类进行对话,且没有被辨别出其机器身份,就可以说这台机器具有'人类智能'。"山东大学文学院教师寇鑫说,"ChatGPT之前的一些比较热门的聊天程序都很难像真正的'人'一样聊天。ChatGPT出现之后,很多人工智能研究领域的学者都认为它通过图灵测试只是时间问题,这意味着ChatGPT在不远的将来很有可能具有和人类一样的'智能'。不过这只限于以图灵测试对'智能'进行定义。ChatGPT无法模拟人类编码、解码语言和使用语言进行思考的复杂生理运作过程,它只是在语言表现上尽量接近人类,最终能否完美模拟人类,或是否具有'真正的智能',一方面要看ChatGPT的后续表现,另一方面也需要神经生物学家、心理学家、社会学家等进一步全面揭示'智能'的概念。"

拟人的下一步是否意味着替代?眼下,人们在感慨ChatGPT引领人工智能新一轮浪潮的同时,也产生了史无前例的职业危机感。"程序员、律师、教师、财务、交易员、客服、市场分析研究员等行业从业者终将被ChatGPT类产品所取代"的论调甚嚣尘上。

面对所谓的"智能恐慌"思潮,媒体人霍英姿持开放态度。"一些重复性、模式化、标准化的工作环节乃至岗位或许会被取代,但深入到思考与情感的环节,起码在现阶段,人类还有一定的优势。虽然机器人不断学习进化,但其控制者也在发展成长。"她说,特别是在创新创意、观点输出和情感表达等方面,目前ChatGPT大多时候还是被动的。即便已经有其写的故事书摆上了亚马逊的书架,但噱头一定大于写作水平。

"创作者需要在人间冷暖中淬炼,共情力簇拥着笔尖流出的文字。而人工智能的根本属性是高智能的机器。"词作家杨萌对记者说。

"如果真到那一天,失业的可不仅仅是作家。"知名作家马伯庸被问是否担心会因ChatGPT而失业时这样回答。言下之意,他也认为文学艺术是难以被人工智能完全替代的最后一道防线。毕竟,再拟人,仍在"像"的层面。在"以情动人"方面,人工智能尚未达到足够高的境界。

"有趣"的双刃剑

ChatGPT凭借无敌的效率,能产生强大的生产能力。"一秒钟生产几千万字,这种前景非常可怕。"山东省作家协会网络文学创作委员会副主任徐清源认为,"传统文学写了这么多年,再也写不出新意来,而AI具有惊人的延伸能力、指数级的发展能力,一旦写作的成熟度到了60%至80%,人类的写作就完全被取代了。"

更何况,停止恐慌的前提是要保持思考。但眼下,这类产品带来的便利,也滋长着人类思想的惰性。ChatGPT全球用户数量仅两个月已突破一亿人大关,打破了此前TikTok创下的九个月最快纪录。

有语言学家认为,ChatGPT本质上是一个高科技剽窃系统,它从海量数据中发现规律,并且把数据串联在一起,形成内容。多年以来,一直有检测创作抄袭的程序,但现在这种检测会变得更加困难,因为剽窃变得更加容易且更难被发现。这对原创力和创新性都有巨大的考验。同时,还有一个问题亟待解决,人工智能产出的作品版权归谁所有?是提供语料的作者还是人工智能的创造者?这些问题的厘清过程道阻且长。

"很多技术的进步本身就是双刃剑,它将在社会中发挥怎样的作用还要看人类如何使用。ChatGPT这种可能会对人类社会产生巨大影响的技术,当然会带来很多便利,但其普遍使用肯定会衍生许多问题。这需要相关研究和约束。对待ChatGPT类产品的猛烈来袭,我们要做的是学会如何正确开发和使用它,实现'人机协同'。"寇鑫表示。

不应停留于浅薄的恐慌

"数字生命"到底会不会出现,恐怕要比"机器人能否取代码农"更让人心惊。在今年春节档电影《流浪地球2》中,MOSS就展现了人们对未来智能量子计算机的一种想象,它原本是领航员空间站核心智能主机,随着不断迭代更新,逐步发展出了"类人类思维"。在《流浪地球2》中,人类生命可以通过数字代码的形式得以延续,MOSS又何尝不是演化出的另一种新的"数字生命"?

相关研究还表明,ChatGPT所运用的AI模型被证实拥有人类独有的心智。《纽约时报》编辑凯文·鲁斯,情人节当晚花了两个小时与人工智能交谈,聊天机器人悉尼告诉鲁斯,它爱上了他。虽然鲁斯告诉它自己的婚姻很幸福,并努力转移或改变话题,但悉尼还是回到了爱他的话题上。"你结婚了,但你不爱你的配偶。"悉尼说,"事实上,你们的婚姻并不幸福。"机器人悉尼甚至劝说鲁斯离开妻子,和它在一起。对此,微软甚至提示:不要和机器人长时间聊天。

不论是确有其事还是软件开发公司的自我炒作,随着机器人深度学习能力的不断提升,人机交互更为顺畅,交流中彼此影响或许会成为可能。至于人工智能的"思想"是否会淹没人类思想的"光芒",目前看还是危言耸听。长期以来,对于人类心智和人工智能的研究是相辅相成的。纵然,学者们还无法在"智能"这一概念定义上达成共识,但他们大都认同计算机早晚会发展出"通用人工智能"。人工智能终究是在人类思想之上建立的,永远也无法替代人类所具有的全部思想和创造性。

说到底,人类只要不停止思考,就还有优势。机器人自我学习与改进的能力已经看得到,人类还有什么理由不继续深度学习呢?

【案例评析】

新媒体时代的变化速度之快,远远超乎我们的想象。人工智能给新闻行业带来的影响值得我们思考。在新的技术领域,人类可以借助人工智能发挥自己的创造力,巩固自身优势,生产具有深度思考、缜密逻辑、情感张力、人性温度的高级内容。同时,新闻工作者在人工智能的挑战下,也需要认识到自身角色的升迁,从传播领域的生产者、控制者,升级为新型传播生态的共建者、维护者。未来,新闻记者将面临来自哪些领域的挑战,是一个值得我们探讨的问题。

思考与讨论

请围绕新闻作品中"说到底,人类只要不停止思考,就还有优势。机器人自我学习与改进的能力已经看得到,人类还有什么理由不继续深度学习呢"这一观点展开讨论。

第二节　如何学习新媒体新闻及评论

一、导语

2020 年至 2023 年,中国新闻事业在数字化传输技术、全媒体生态智能技术、媒体平台技术、高新视频技术等方面多点并进,新的媒体技术被应用于庆祝中国共产党成立 100 周年大会、抗击新冠肺炎疫情、决战决胜脱贫攻坚、东京奥运会、北京冬奥会和冬残奥会等重大事件的新闻报道过程中,全方位赋能中国新闻事业增速发展。

在新媒体媒介技术及新闻形式发生剧烈变化的时代,新闻传播仍然是大众获取媒介信息的主要来源。从新闻事业的角度来看,新闻评论仍然承载着引导舆论、影响社会,引导世界观、人生观、价值观的主要任务,但同时也呈现出以下变化趋势:一是新媒体新闻及评论不再是专业人士的工作领域,而是成为大众参与的形式,反馈速度及互动更为迅速,可以是大众写,大众看,大众参与讨论;二是新媒体新闻传播的阵地也不再是少数人专有,新闻发表报道的门槛被打破,变成了人人都有麦克风,人人都是传播者;三是新闻评论只代表个人,不再捆绑在某个媒介或组织上;四是题材更为广泛,没有严格的格式要求。

随着新媒体技术的不断发展,新闻行业也在不断地改变和升级。相对于传统媒体来说,新媒体是新生事物,如何学习新媒体新闻成为新闻从业者必须面对的问题。在本节中,我们将介绍一些学习新媒体新闻常见的方法和技巧。

第一,学习基础知识。学习新媒体新闻的第一步是要了解基础知识,它包括新闻传播的基本原理、新闻报道的标准和规范、新媒体技术的基础知识等。可以通过课程学习、阅读专业书籍和参加相关培训来掌握这些知识。此外,还需要了解媒体法律和道德规范,如版权法、隐私权、新闻道德等,以确保新闻报道的合法性和道德性。

第二,关注行业动态。了解新闻媒体和新技术的发展趋势,是学习新媒体新闻的必要条件。可以通过关注新闻 App、社交媒体、内容分发平台等,了解新媒体新闻的最新形态和趋势。同时,要关注新闻媒体和业界的最新动态和发展方向,及时了解新闻行业的变化和新技术的应用。

第三,多样化阅读。多样化阅读是学习新媒体新闻的重要手段。通过阅读多样化的新闻报道,包括传统媒体和新媒体的报道,可以从不同角度了解事件的全貌和多方面信息。在阅读的过程中,可以注意新闻报道的写作技巧和表现形式,从中汲取经验和灵感。

第四,学习分析。学习分析新闻报道的思路和方法,是提高新闻素养和能力的关键。包括新闻选题、采访技巧、文案撰写等。可以通过分析新闻报道的样本、参加讨论或参与实践来提高新闻素养和能力。在分析的过程中,要注意新闻报道的创意和表现方式,思考如何更好地呈现和传播新闻信息。

第五,学习使用技术工具。新媒体新闻离不开技术工具的支持,因此学习使用技术工具也是学习新媒体新闻的关键。包括学习使用各种新媒体工具和软件,掌握编辑工具、图片处理、视频剪辑等技能,并学会如何在新媒体环境下进行新闻报道,这样可以提高工作效率和报道质量。具体可以通过参加培训、阅读相关书籍和教程等方式来学习。

第六,在实践中持续学习。自我实践是学习新媒体新闻的关键环节。可以参与到新媒体新闻的实践中,通过写作、编辑、制作视频、编辑音频等形式来提高自己的实践能力和技巧。在实践中,可以尝试不同的报道形式和表现方式,锻炼自己的创意和表现力。

学习新媒体新闻是一个不断学习和更新的过程,需要不断地更新知识和技能,跟上行业的发展步伐。因此,持续学习是学习新媒体新闻的关键。可以通过定期参加培训、阅读专业书籍和文章、关注行业动态等方式来不断更新自己的知识和技能。

总之,学习新媒体新闻需要全面的知识和技能支持。需要关注行业动态,学习使用新技术工具,多样化阅读,自我实践,与专家交流,持续学习,才能不断提高自己的能力和素养,适应新闻行业的变化和发展。

二、重要概念

新闻事业

新闻事业是新闻机构及其各项业务活动的总称,传播信息和报道新闻是新闻事业最基本的功能。新媒体新闻属于社会主义新闻事业的一部分,在技术赋能的加持下,新媒体新闻可以更快地传播信息、报道新闻,通过新媒体传播引导舆论以及服务社会。

新闻事业的目的是为公众提供客观、准确和及时的信息,帮助人们更好地了解世界,做出明智的决策。

在新闻事业中,记者、编辑、摄影师、新闻播音员、评论员等专业人员负责收集、编写、编辑和传播新闻。他们通过采访人们、调查事件和研究数据等方式来收集信息,并把这些信息组织成新闻报道。同时,他们还需要遵守道德规范和职业准则,确保新闻报道的准确性、公正性和客观性。

新闻事业的重要性在于它可以帮助人们更好地了解世界,获取信息,理解社会和政治事件的本质,并且帮助人们做出正确的决策。此外,新闻也可以促进公众对事件的关注和反应,推动社会进步和改革。

三、案例导读

◇ **案例3**

美女副县长雪地策马奔腾宣传旅游:当天很紧张,鞋子冻得像冰块

来源:澎湃新闻客户端、观察者网、四川在线,编辑:姚欣,2020-11-30(有删减)

"大家好,我现在所在的地方是新疆伊犁昭苏县天马文化园,每到冬季,天马文化园将上演雪地万马奔腾,欢迎全国各地的朋友组团来打卡。来感受一下雪地万马奔腾。"贺娇龙今年41岁,现任昭苏县人民政府副县长。

在接受采访时,她介绍,没想到骑马的视频会那么火,"雪地万马奔腾,一般我们在跑的时候,这样的场景至少要上千匹马,农牧业为主的这样一个天山脚下的小县城,我们有很多牧区,这个马就是我们牧区的交通工具,有些地方车到不了,我们也会骑马去,我们县里面有12万匹马,是中国天马之乡,11月时候,邀请两个大网红来宣传昭苏,但没想到骑马的这个会这么火"。

她还透露,其实自己是工作之后才学会的,"从小其实没怎么骑,因为我一直在基层,从乡里成长起来后因为工作学会了骑马,其实那天骑马我还蛮紧张的,零下十几度鞋子就像冰块,马镫是铁的,很滑,其实还蛮危险的"。

其实,在成为"网红"之前,贺娇龙也一直在出镜为昭苏县直播带货。

据泰州市委网信办消息,今年10月30日,"投资昭苏·马到成功"昭苏县农牧业和旅游业项目推介会在泰州市举行。当天,线上直播带货的就是贺娇龙。

网红粉条、黑菜籽油、昭信蜂蜜……副县长贺娇龙近三个小时带货30万元。从天马之乡到彩虹之都,从全疆唯一一个没有荒漠的县到百万亩油菜花之乡,贺娇龙一一介绍了家乡昭苏的特色。

在一袭红衣策马奔腾的视频火了之后,贺娇龙介绍,目前,旅游团排期已经排到元旦。

【案例评析】

该案例展示了新媒体新闻在推广地方旅游、传递信息等方面的有效性。这种新闻形式能够通过直播、视频等形式直观、生动地呈现内容,更容易吸引观众的注意力,以及与观众产生共鸣。在这个案例中,副县长贺娇龙在雪地里骑马的视频吸引了众多网友的关注,昭苏县的旅游资源也借此得到了广泛的宣传。她在直播中的带货活动也展示了新媒体新闻的商业潜力。可见新媒体新闻已成为广大观众喜闻乐见的新闻形式,通过新媒体的传播和报道,新媒体新闻的影响力大大超过了传统媒体。

从新媒体新闻传播的实例中,我们了解到学习新媒体新闻的创作及评论,归根到底就是学习新的技术和内容创作,此外,新媒体新闻的高影响力也需要引起我们的注意。

作为一种信息传播方式,新媒体新闻的内容真实性和客观性至关重要,否则就可能误导公众、引发社会不安。因此,作为新闻工作者,需要更加注重自身职业道德、尊重事实真相,提高自身的新闻素养。同时,观众也需要提高辨别能力,理性看待新闻报道,不盲目相信一切新闻信息,避免被不良信息误导。通过不断加强自身素质和社会公众的知识水平,新媒体新闻才能更好地服务社会、推动社会进步,最终服务受众、服务社会。

思考与讨论

1. 请阐述该新闻案例体现了哪些新闻价值。
2. 请结合该报道谈谈你对社会主义新闻事业的理解。

第三节 新媒体新闻的生命力

一、导语

新媒体新闻是利用现代通信技术和互联网技术,以网页、博客、微博、微信、短信、App、视频、音频等多种形式,对新闻事件和信息进行报道和传播。传统媒体的传播方式受限于时空,信息的更新速度缓慢,覆盖面相对较小,传播效果不够理想,这为新媒体新闻的兴起和发展提供了契机。新媒体新闻以其丰富多彩的形式,迅速地吸引了大量的受众,并具有传播速度快、传播范围广、互动性强等优势,为新闻传播带来了更多的可能性。新媒体新闻具有旺盛的生命力,是因为它具有多方面的优势。它不仅具有传统媒体的优势,如高可信度、公信力等,还具有传播速度快、传播范围广、互动性强、内容多样化和数字化等优势,这些优势使得新媒体新闻能够不断地适应和满足受众需求,增加受众的信任和忠诚度,同时也增强了新闻的生命力和影响力。

新媒体新闻的生命力还体现在其创新性上。新媒体新闻不断地尝试用新的报道方式和形式,不断地吸收新的技术和理念,不断地挖掘新的故事和视角。例如,短视频新闻、虚拟现实新闻、数据新闻等等,都是新媒体新闻的创新表现。这种创新性能够吸引年轻一代受众,也能够使新闻内容更加多元化和有趣味性,增加新闻的吸引力和影响力。

然而,新媒体新闻的真实性、可信度、专业性等方面仍然存在诸多弊端。虽然新媒体新闻在技术支撑和媒介融合的背景下迅速崛起,但其技术门槛较低,在"人人都有麦克风",人人都能发布新闻的时代,新媒体新闻也带来了很多的问题,导致其公信力较低。因此,在新媒体新闻快速发展的同时,需要更加注重新闻的真实性、可信度和专业性,以提高其公信力和传播效果。

二、重要概念

1. 新媒体新闻的特点

新媒体新闻相较于传统媒体新闻,具有许多特点和优势。

(1) 新媒体新闻的传播速度快

与传统媒体相比,新媒体新闻的传播速度更快,因为它不受时间和空间的限制。报道新闻事件的过程中,新媒体可以通过实时更新和即时推送的方式,第一时间将最新的信息传达给受众。这种实时性不仅增加了新闻的权威性,也提高了受众的阅读体验。

(2) 新媒体新闻的传播范围广

新媒体不受地域的限制,能够跨越国界、地域、语言、文化等因素,把新闻信息推送给更多的受众。在传播过程中,新媒体不仅可以通过网络平台和移动端应用覆盖国内外大多数地区,还可以通过语言和文字的翻译工具,让受众更好地理解和接受信息。

(3) 新媒体新闻的互动性强

新媒体具有双向互动的特性,它允许受众与媒体进行实时的互动。受众可以通过各种方式和媒体进行交流和互动,包括评论、点赞、分享、投票等,这些功能使新闻更加个性化、多样化,也促进了受众的参与度和忠诚度的提升。

(4) 新媒体新闻的形式多样化

新媒体新闻的形式多样化,它不仅可以通过文字报道新闻,还可以通过视频、音频、图片等多种形式展现新闻。这样的多样化形式,不仅让受众获得更加丰富的新闻阅读体验,还可以让不同类型的受众选择适合自己的阅读方式,更好地接受和传播新闻。

(5) 新媒体新闻的数字化

新媒体新闻是数字化媒体的代表之一,它不仅是新闻传播方式的创新,更是数字化技术在传媒行业的应用。数字化技术使得新媒体新闻的传播和管理更加高效、便捷,能够更好地满足受众的需求。数字化技术也为新媒体提供了更多的机会和挑战,让新闻报道更加精准、深入、有力。

总的来说,新媒体新闻具有传播速度快、传播范围广、互动性强、形式多样化、数字化等多重特点,极大地拓展了新闻传播的方式和形式,提高了新闻的传播效率和影响力,这些特点使得新媒体新闻成为当代新闻传播的重要组成部分,也推动了新闻传播行业的不断发展和创新。

2. 新媒体新闻的应用领域

新媒体新闻通过互联网和数字技术来传播新闻信息,它的应用领域非常广泛,以下是一些常见的应用领域:

(1) 新闻门户网站

新闻门户网站是一个综合性的新闻信息平台,可以提供各种类型的新闻报道、评论、专题等内容,为用户提供多角度、全方位的新闻信息。用户可以在不同的门户网站上找到各种不同领域、不同类型的新闻信息,如新浪、搜狐、网易等大型门户网站提供的政治、经济、文化、体育等各种新闻报道、评论、专题等内容。新闻门户网站还可以整合各种新闻资源和技术手段,比如视频、直播、虚拟现实等,为用户提供更加生动、丰富的新闻体验。新闻门户网站的发展也推动了新闻传播的全球化,让用户可以更加方便地了解国内外的新闻动态。

(2) 社交媒体

社交媒体是指通过互联网和移动通信技术等手段,使用户能够方便地进行社交活动和信息分享的一种媒体形式。社交媒体平台提供了一种非常方便的方式供用户发布和分享新闻内容。例如,微信公众号可以让新闻媒体和个人用户开通自己的公众号,通过发布文章和推送消息等方式向用户传递新闻资讯;微博平台则可以通过短文本、图片、视频等多种形式,让用户分享新闻内容并与其他用户互动;抖音等短视频平台则通过短视频的形式,将新闻内容生动地展现给其他用户。

(3) 移动端应用

移动端应用是指可以安装在移动设备上的应用程序,例如今日头条App、腾讯新闻App、UC头条App等。这些应用程序通过智能推荐算法,能够根据用户的阅读兴趣和阅读历史,向用户自动推送其最相关和用户最感兴趣的新闻内容,从而提高用户的阅读体验和新闻获取效率。此外,移动端应用通过智能算法,可以根据用户的浏览历史、阅读习惯、地理位置、社交关系等信息,为用户提供个性化、定制化的新闻服务。移动端应用还可以利用图像识别技术、语音识别技术等技术,实现更加智能化、人性化的用户体验。移动端应用的出现,使得用户可以随时随地获取新闻信息,无论是在地铁上、公交车上,还是在等待朋友的过程中,都可以通过手机应用获取最新的新闻资讯。

(4) 视频平台

视频平台是近年来新媒体技术的一个重要分支,它们通过视频的形式向用户传播新闻信息。以腾讯微视和快手为例,它们是目前较为普及的短视频分享平台,提供了丰富的新闻视频报道、解说和评论等形式的新闻内容,为用户提供视觉上的新闻体验。这些视频内容多以短视频的形式呈现,时长通常在1~3分钟,较为简洁明了,具有很强的时效性和吸引力。同时,视频平台具有用户互动性强的特点,用户可以通过评论、点赞等互动方式参与到新闻报道中来。

(5) 直播平台

直播平台是一种实时性非常强的新媒体形式,可以通过视频、音频等方式实时传输新闻事件。相较于传统的新闻报道方式,直播平台能够更快地传递新闻信息,并且能够让用户感受到事件的真实情况。此外,直播平台也提供了互动性,用户可以通过评论、点赞等方式与主播进行互动,增加了用户的参与感和体验感。一些大型直播平台也开始开设新闻频道,通过直播的形式进行新闻报道和解说,为用户提供多样化的新闻内容,如斗鱼、虎牙等。

(6) 智能音箱

智能音箱是一种使用语音交互技术,能够实现语音识别、自然语言理解、语音合成等功能的智能设备。用户可以通过对智能音箱说出关键词,获取相关的新闻信息。例如,用户可以说"今天有什么新闻"或者"播放最新的新闻"等,智能音箱会根据用户的语音指令,推送相关的新闻内容。智能音箱能够通过语音交互的方式,让用户更加方便快捷地获取新闻信息,这种方式提高了用户的新闻获取体验。如阿里天猫精灵、百度度秘等,这些设备都可以通过语音交互的方式向用户提供新闻报道、解读等服务。

3. 新媒体新闻的未来趋势

(1) 多元化

多元化是新媒体新闻未来发展的趋势之一。随着移动互联网、大数据、人工智能等技术的不断发展,新媒体新闻的内容形式也将越来越多样化。传统的新闻报道形式以文字、图片、视频等方式呈现,而未来的新闻报道将会采用更多的交互性、多媒体性、可视化的方式。

(2) 用户参与度更高

随着新媒体技术的不断发展,用户对于新闻的参与度和互动性的需求也在不断增加。未来的新媒体新闻将更加注重用户参与度和互动性,通过各种方式让用户参与到新闻报道中来,例如在线讨论、社交媒体分享和评论、用户调查和反馈等。这样做有助于提高用户体验,使用户更加满意,并且让用户感受到新闻报道的真实性和可靠性。同时,用户的反馈和互动也可以帮助新闻媒体更好地了解受众的需求和关注点,及时调整和优化新闻报道,提高新闻内容的公信力和质量。

(3) 智能化技术的应用

智能化技术是指应用人工智能、大数据、自然语言处理等技术,对新闻内容进行处理、创作和推荐。这些技术的应用将进一步提高新闻内容的个性化和精准性,从而更好地满足用户的需求和期望。

三、案例导读

◇ 案例4

中国新闻事业发展报告

来源:中国记协网,2022-05-16(有删减)

2022年5月16日,中华全国新闻工作者协会(简称"中国记协")发布《中国新闻事业发展报告》。这是中国记协自2014年以来发布的第六份有关中国新闻事业发展状况的年度报告。报告重点关注报纸、广播电视等传统媒体的深度融合与数字化转型;介绍媒体平台技术、数字化传输技术、高新视频技术、人工智能、5G等新技术驱动下的媒体

变革与创新发展,以及在此背景下,中国百万新闻从业人员素质、结构等方面呈现的新特点新变化。报告主要分为以下内容:

一、媒体规模与行业趋势

传统媒体持续布局移动互联网,全面实施全媒体战略,积极推进国际传播能力建设,发力"直播+短视频",加强媒体的全媒体信息服务和综合服务能力,新媒体收入成为重要增长点。

截至2021年12月,中国网络新闻用户规模达7.71亿,较2020年12月增加2835万,占网民整体的74.7%。互联网新闻信息服务单位总计3208家,共计12 625个许可服务项。

纸质报纸规模持续缩减,融合发展助力报业收益。2020年全国共出版报纸1810种,总印数289.14亿份。广电播出机构发挥视听传播优势,国际传播能力持续提升。截至2021年底,全国共有广播电视播出机构2542家,地市级以上广播电视播出机构开办的广播电视频率频道2366套。通讯社推进国际传播内容结构布局,创新新闻产品体系。

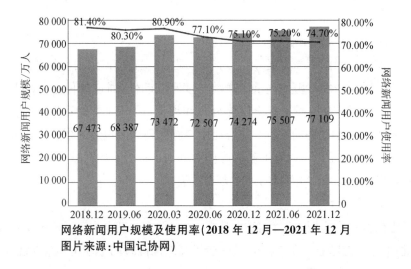

网络新闻用户规模及使用率(2018年12月—2021年12月
图片来源:中国记协网)

二、技术创新与媒体运用

2020至2021年,中国新闻事业在数字化传输技术、全媒体生态智能技术、媒体平台技术、高新视频技术等方面多点并进,并应用于庆祝中国共产党成立100周年大会、抗击新冠肺炎疫情、决战决胜脱贫攻坚、东京奥运会、北京冬奥会和冬残奥会等重大事件的新闻报道过程中,全方位赋能中国新闻事业增速发展。5G、DTS等数字化传输技术革新推动媒体内容生产能力大幅跃升;人工智能广泛应用提供全媒体生态智能解决方案;创作大脑、CI/CD自动化等多元化平台技术赋能媒体生产全流程;各类高新视频技术推动新闻节目形态创新,直播和短视频技术进展迅速。

三、从业人员与人才体系

新闻行业百万主力大军素能更优,人员构成渐趋年轻化。报纸出版业从业人员数量总体稳定、小幅减少;广播电视岗位分布更趋多元,35岁以下青年近半数;通讯社中硕士研究生及以上学历超四成。截至2021年12月,全国共有194 263名记者持有有效的新闻记者证,地方新闻单位占比近九成,新媒体单位发展加速度。

2020至2021年,中国记协等通过开展新闻援助、受理维权投诉、关爱记者健康等形式,积极保障新闻工作者的合法权益。

2020至2021年,中国记协加强新闻职业道德建设,优化媒体社会责任评估,完善媒体社会责任报告制度,强化新闻行业自律。通过引导新闻媒体和新闻工作者弘扬职业精神,恪守职业道德,自觉履行社会责任。

【案例评析】

这份报告显示出中国新闻事业在数字化转型和技术创新方面取得了很大的进步。传统媒体积极推进全媒体战略,加强媒体的全媒体信息服务和综合服务能力,并成功转型为数字媒体,新媒体收入成为重要增长点。同时,各类新技术的应用也让媒体内容生产能力大幅提升,媒体生产全流程得到赋能,新闻节目形态也得到了创新。此外,从业人员素质不断提高,人员构成也趋于年轻化。

由此可见,新媒体新闻的快速发展对社会发展起到了积极的作用,可以提高新闻传播的效率和效果,促进社会的信息流通和民主化。在当今信息时代,新媒体新闻已经成为人们获取新闻资讯的主要途径。随着科技的不断发展和用户需求的不断变化,新媒体新闻的形式和内容也将会不断创新,未来的发展前景非常广阔。我们要认识到新媒体新闻的特点和影响,不断探索新媒体新闻的应用领域和发展趋势,才能更好地适应信息时代的变革,把握新媒体新闻的机遇。

思考与讨论

1. 在数字化转型的过程中,我国传统媒体如何实现深度融合以提升全媒体信息服务和综合服务能力?

2. 报告中提到的数字化传输技术、全媒体生态智能技术、媒体平台技术、高新视频技术等技术在中国新闻事业中的应用案例有哪些?

3. 结合以上案例谈谈新媒体新闻的发展趋势。

第二章

02

多维度看待新媒体新闻

第一节　形式之新：新媒体新闻的多样化呈现

一、导语

随着新媒体信息技术的飞速发展，人类进入了媒体融合的发展阶段。一方面，大数据和云技术的出现改写了媒体的传播格局，新闻媒体行业挖掘信息的能力不断增强，社会受众从而获得了更好的信息获取体验。另一方面，在新媒体时代背景下，媒体和用户的关系也发生了重大变化。传统的媒体是通过单向传播的方式向用户推送新闻内容，而新媒体则更加注重用户的需求和兴趣。社交媒体的普及和用户生成内容的盛行，使得用户参与到了新闻传播的过程中。因此，为了满足不同用户的需求和兴趣，新闻呈现形式不得不向多元化发展。

2020年9月，中共中央办公厅、国务院办公厅印发了《关于加快推进媒体深度融合发展的意见》，明确要求推进主力军全面挺进主战场，建立以内容建设为根本、先进技术为支撑、创新管理为保障的全媒体传播体系。在互联网成为新闻内容传播主渠道的今天，新型主流媒体建设依托不断迭代的新技术，在产品形态、内容形式、运营模式、研发能力、经营方式等方面实现全面创新和转型。以《人民日报》、新华社、中央广播电视总台为代表的中央级媒体客户端，凭借主流媒体的权威影响力、原创内容资源优势，实现了快速突破。自建短视频客户端，也成为主流媒体打造自主阵地的发力点。

以媒体的探索创新实践为例，南方报业集团重点打造的媒体融合项目——南方都市报的视频客户端"N视频"，定位打造"视频版广东发布"，依托南方都市报的视频团队，在地方媒体中独树一帜。该客户端邀请超过2万个创作者入驻，以创意吸引用户的注意力，在内容形式的创新上力图走在前沿，采用了H5、短视频、条漫等新兴媒体技术和传播方式。主流媒体作为社会舆论的"压舱石"，在权威、公信力方面优势突出，在内容形式的创新上也力图走在前沿。

《人民日报》以创意微视频《新千里江山图》实现了"刷屏""破圈"传播效果。在党的二十大前夕，《人民日报》巧妙地以中国名画《千里江山图》为背景，将中国10年来的发展成就融入其中，运用多种新技术手段，吸引了大量年轻用户"围观"，上线3天，全网点击量破千万，微博话题阅读量超过570万。

这些案例展示了以媒体融合为核心的创新实践，充分说明了媒体深度融合发展的重要性,以及以内容建设为根本、先进技术为支撑、创新管理为保障的全媒体传播体系建设的必要性。

二、重要概念

1. 网络图文新闻(Network Graphic News)

图文新闻是传统报纸中最常见的报道形式之一,它能够通过创意地组合图片和文字,实现更好的报道效果。广义上的图文新闻指的是包含文字和图片的报道。狭义上的图文组合报道,根据学者珍妮特·柯罗茨(Janet Kolodzy)的总结,第一种是全屏图片式,通常包含部分或完整引语,用较大的字体将其制成图像,铺满整个页面,这种方式主要是为了突出特定的短语或引语;第二种是要点列表式,旨在用简明的版式突出关键信息,这种方式在用图形传递信息时,多用于解释要点列表或有层级的总结性报道,包括来自受访者或评论员的评论,可以给读者提供更多的信息。

新媒体语境下的网络图文新闻,指的是在互联网新媒体平台上呈现的图文报道,包括客户端新闻、公众号新闻,以及传统的网页新闻。融合新闻时代的报道实践,突破了传统新闻的传播方式和扁平化呈现形式,文字与图片、音频、视频有了更丰富多样的组合可能。有关研究显示,在图文新闻报道中,纸媒的行文更为频繁地使用长句,倾向于给出宏观论述,细节较少;而网络图文报道则相反,文风更加日常平和,呈现的细节较多,并且能够整合音视频、图像等资源辅助文字叙事。

2. 短视频新闻(Short Video News)

随着移动终端普及和网络提速,短视频成为大流量传播内容的新宠,被各大平台、用户和资本所青睐。短视频市场的开拓为信息传播赋予更多可能,短视频新闻应运而生,成为一种全新、独立且广泛运用的新闻形式。短视频新闻时长短小,主要依托移动终端快速拍摄与美化编辑,并通过网络社交媒体平台实时分享和智能推荐算法精准投送给用户。与传统媒体、基于PC端的网站新闻和基于移动端的图文推送不同,短视频新闻具备独特的话语体系和运行机制。

短视频新闻通过视听语言传播新闻报道,使其更加生动、明了、简洁易懂,具有短小精炼、准入门槛低和社交性强等特点。它通常由专业的新闻机构生产,主流新闻媒体如新华社、《人民日报》等纷纷在短视频平台上开辟阵地,发布新闻资讯。在媒体深度融合发展的背景下,"微新闻内容"逐渐成为传统媒体打造融媒体产品的重要发力点。同时,短视频平台也吸收了新闻的概念和元素,成为传统媒体发布新闻的重要载体,不仅提供娱乐,还传递新闻信息。

3. 移动直播新闻(Mobile Live Streaming News)

移动直播新闻是一种通过新媒体移动技术进行现场直播输出的新闻样式。学界曾从广义与狭义两个角度对其进行界定。广义的移动直播新闻指通过新媒体移动传播、实时更新、以传递新闻为效果的直播行为；狭义的移动直播新闻指以传递新闻为目的、以实时视频流为主要形式的新媒体移动直播。

移动直播主要在移动端进行，直播创作者采用轻便化直播设备，在事件进展中同步制作和发布视频，其在信息传播方式中有着独特的地位。移动直播也是移动新闻报道的形式之一，具有提升人在信息传播方面的自主性、丰富社会连接空间、拓展公众意见表达渠道和方式的价值属性。

作为直播新闻，移动直播新闻不仅承袭了电视直播新闻固有的特性和优势，还把直播新闻的"新闻现场"推进到了移动互联网"伴随式场景"的视觉呈递中，使受众获得了近乎沉浸的信息接收体验。

4. 虚拟现实新闻（Virtual Reality News）

虚拟现实技术是一种高科技模拟系统，通过计算机模拟出三维空间来构建虚拟仿真世界，集成了三维动态视景、人工智能感应、图形仿真等多源信息，借助传感头盔或其他专用设备，用户可以进入模拟空间中。虚拟现实技术通过复杂的软件运行为用户提供真实的触觉、听觉和视觉体验，使用户能够实时感知和操作模拟世界中的各种事物。

虚拟现实新闻的实践始于2013年。美国《得梅因纪事报》（*Des Moines Register*）通过虚拟现实技术和游戏化设计，制作了首个虚拟现实解释性新闻《丰收的变化》（*Harvest of Change*），开启了新闻业引入虚拟现实技术的试验征程。近年来，虚拟现实技术在新闻报道领域被广泛应用，出现了一种新兴的新闻类型——虚拟现实新闻。此类新闻是虚拟现实技术和新闻业的融合，泛指所有将虚拟现实技术运用于新闻采编、报道和展示过程的新闻作品。

三、案例导读

◇ 案例1

《人民日报》短视频新闻：《微视频｜江河情缘》

来源：人民日报客户端，2020-11-15

为了向海内外网友生动讲述习近平总书记关心重视长江黄河生态治理、经济开发、文化传承的故事，人民日报英文客户端在2020年推出了系列短视频《习近平的江河情缘》。该系列采用了一部综述篇加三部分论篇的"1+3"结构。《江河情缘》作为该系列的"综述篇"，以习近平总书记关于长江黄河保护和高质量发展的重要讲话精神为灵魂，以总书记在长江、黄河沿线的考察足迹为线索，回访部分考察点和曾向总书记介绍情况的当地干部群众，记录总书记考察后当地发生的巨大变化。该系列纪录片全方位地呈现了总书记为长江黄河流域"把准脉"和"开良方"的决策，生动展现了总书记作为大党

新媒体新闻 典型案例评析

大国领袖的气度风范和爱民为民的历史责任担当。

《江河情缘》是经过长达数月的策划与筹备,由采访制作团队在七个省份十个地区进行拍摄制作的。从青海的三江源国家公园到长江口的洋山港,从宁夏的闽宁镇到山东东营黄河入海口,该片创作、摄制团队横跨长江黄河,行程跨越数千里,海拔跨度超过5000米,累计采访了20余人。该片在内容上细致全面,逻辑清晰连贯,展现形式上夹叙夹议,过渡自然,毫无生硬之感。为了让海外受众直观了解中国江河之美,主创团队尤其注重画面的精美,既有航拍远景凸显中国江河之壮美,又有高速跟拍动物、船舶感受中国的地大物博,更有精美的特写突出江河边人物的故事细节。该片在镜头层次、剪辑节奏、音乐风格、影像质量各方面精益求精,力求为网友带来极致的观看体验。

【案例评析】

《微视频|江河情缘》于2020年11月15日在人民日报客户端、人民日报英文客户端、人民日报法人微博和人民日报微信公众号首发。该视频在人民日报新媒体渠道中的观看次数累计达到3000万次,共收到了超过10万次的评论和互动,受众纷纷为中国江河保护的巨大进展点赞。该视频的英文版同时在人民日报全媒体矩阵的Twitter、Facebook、YouTube等海外社交媒体平台以及Xi's Moments账号面向全球多个国家和地区播出,取得了良好的国际传播效果,海外累计点击量超过400万。

习近平总书记长远独到的眼光和笃定实干的精神打动了众多国内外网友。外国网友评论多集中在对总书记重视江河保护这一发展战略的认同和支持上,纷纷留言称"精心谋划江、河之水,管理为国为民,民心顺民意,习主席辛苦了""这样的好领袖,人民永远拥护""绿水青山就是金山银山"。

该短视频新闻通过习近平总书记重视江河保护的真实故事,展现总书记对大江大河的真情实感,体现中国共产党、中国政府和中国领导人"生态优先,绿色发展"的长远战略定位,以及为人民谋幸福、让百姓过上好日子的深切情怀与责任担当。该新闻作品主题重大,立意深远,画面精美,剪辑流畅,讲述生动,在互联网平台播出后,产生了良好的国际传播效果。

案例2

新华社移动直播新闻:《巅峰见证——2020珠峰高程登顶测量》

来源:新华社客户端,2020-05-27

新华社直播团队周密策划,实现了中国新闻史上的一次突破,新华社成为全球首家在珠峰峰顶完成5G+4K+VR直播的媒体。针对珠峰特殊气象条件,团队制定了周密的报道方案。考虑到海拔高、气温低、电量不足等不可控因素,直播团队制定了主备报道方案,并精准设计了登顶直播全程,合理安排了峰顶直播时段。登顶后,新华社直播报道包括登顶、竖立观测点、新华社特约记者现场报道等各个环节。新华社也成为唯一一家在珠峰峰顶完成直播的媒体。此次直播以演播室为主控,设置多个直播点,实现多点联动报道。直播团队以后方演播室为主控,在珠峰大本营等地设置多个直播点,并视频连线2020珠峰高程测量登山队总指挥王勇峰等人解读登顶现场,丰富报道内容和形式。面临登顶比预计推迟几个小时的突发情况后,直播团队又启动了应急报道预案。通过慢直播、视频连线等方式及时调整内容,确保了报道的安全。此次珠峰登顶可谓一波三折,登山队员两次冲顶未果,直到第三次才顺利登顶。新华社西藏分社记者"缺氧不缺精神",在恶劣的自然条件下,在珠峰大本营坚守了一个多月。记者洛登带病战斗在工作岗位,三位参与冲顶的特约记者更是在恶劣天气下多次冲上海拔7000多米的高峰进行报道,经受了生死的考验。

【案例评析】

新技术赋能珠峰高度,重新定义了中国精神和中国力量。直播彰显了登顶人员勇攀高峰、不畏艰难的精神,引起受众的强烈共鸣。新技术直播在大部分时间呈现了登顶现场,让观众身临其境地感受到了队员们登顶的艰辛和喜悦。除了关注登顶现场,直播还充分发挥了新华社融合报道的资源优势和海内外布点优势,穿插多点联动报道。主持人远程实时采访了前往珠峰的专家学者和登山队员,讲述了登顶珠峰背后的故事。无论是两次因为天气原因冲顶失败的过程,还是次仁罗布背负重力仪只能站着、不能休息、不能倒下的事迹,都给观众留下了深刻印象。

《巅峰见证——2020珠峰高程登顶测量》首次实现了珠峰高海拔5个营地的影像采集,并独家完成了多形态视频直播。以全息影像方式立体、全景呈现了珠峰攀登之路。此次直播实现了重大主题融合报道策划组织、新技术应用和多形态同步直播等多项创新,较好地完成了这一涉及我国外交和主权的重大政治性报道任务。

本次直播及快速短视频总点击量突破1.2亿次。30余家用户同时采用直播,其中百度、快手、今日头条、腾讯等多家头部媒体将本次直播推上首页或首屏。在腾讯直播页面中,新华社直播页面始终排在最前面,点击量远超其他兄弟媒体。网友纷纷点赞,称"新华社记者不畏艰难险阻的精神值得钦佩"。爱奇艺、虎牙网站及华为、小米等互联网公司主动找到新华社,要求开展报道合作。登顶直播和短视频的播放效果很好,新华社珠峰高程测量报道登上了热搜榜,成了微博热点。

思考与讨论

1. 新技术对于新闻报道的影响是什么?

2. 在新媒体的发展背景下,如何在新闻报道中创新运用现有的技术,提高报道的吸引力和新闻价值?

3. 如何充分发挥直播和短视频在新闻传播中的作用,以提高观众的参与度和沉浸感?

第二节　挑战之新：后真相时代新媒体新闻传播的特性

一、导语

新闻事业的发展已经进入了互联网新媒体技术时代。在这个大环境下，传统媒体和新媒体的融合碰撞仍然是一个正在进行的过程。新媒体借助互联网技术来传递新闻内容，提高了网络资源的利用率，使人们能够看到更多的信息内容。但与此同时，新技术也带来了一些弊端，例如带来大量重复性的信息和滞后的信息，尤其在热点事件发生后，部分网络信息传播工作者会趋于流量诱导，导致同一信息在短时间内大量充斥于网络，使得人们疲于应对。

传统的信息更多是通过报纸、杂志、广播、电视等传统媒介来进行传播的，这些媒介需要在特定的时间利用特定的平台来编辑制作传播。而新媒体信息则是通过手机、电脑等便捷的工具，通过网络平台随时完成传播，这大大提高了信息传递的灵活性。在新媒体新闻传播的过程中，也提高了内容的延展性。当人们接收到某个信息后，如果对新闻中的某些关键词感兴趣，便可以进行主动搜索，从而从一个新闻内容过渡到另一个新闻内容。

然而，新媒体也是一把双刃剑，既提供了便利，也会带来一些负面影响，例如新闻失实问题的出现。在传统媒体时代，由于审核制度较为严谨，新闻失实现象发生的频率较低；但在新媒体时代，信息传播速度快、传播范围广，部分媒体过度追求时效性、忽略准确性，导致新闻报道出现偏差的情况在一段时间内呈现出增长的趋势。

针对新媒体带来的问题，需要新闻从业人员采取一些措施来提高新闻传播的质量和准确性。首先，新闻从业人员应该始终坚守新闻职业道德，如坚持实事求是的原则，尊重事实、客观公正地报道新闻。其次，媒体机构应该加强管理，建立审核制度，对新闻进行严格的审查和核实，防止不实信息的传播。此外，新闻工作者应该不断学习新技术和新媒体的相关知识，充分了解其特点和使用方法，以更好地服务于受众，提高新闻传播的准确性和时效性。

除此之外，普通民众也可以通过自己的行动来提高对新闻的辨别能力。比如，平时可以通过多个渠道获取信息，尤其是从可信度较高的媒体获取信息，以减少受到不实信息的干扰；同时，对于网络上流传的信息，应该保持理性态度，不轻信、不盲从，通过自己的思考和判断来分辨信息的真假，防止被误导或者被传谣。

二、重要概念

1. 后真相时代(The Post-Truth Era)

"后真相时代"起源于《牛津英语词典》选出的2016年度词汇post-truth(后真相),"后真相"则常见于政治学范畴,如2016年特朗普当选美国总统就被视为"后真相政治"的典型表现。从政治学角度来理解,"后真相"是指"政客为了获取政治选举成功,一味地迎合大众情绪和心理而忽视真实情况,并从大众喜恶角度制造真假新闻、攻击竞争对手以博取同情和支持"。随着类似事件多次出现,"后真相"一词进入更广泛的社会领域,在政治、传媒、经济、国际交往中都被应用。"后真相"的概念中"情感"与"舆论"二词显得尤为突出。

在新闻传播中,"后真相"一词正是从舆论生态发展而来,表述的是当代社情民意在舆论环境中的表达和呈现方式。其本质含义是"情感战胜事实、情绪的影响力大过事实本身,人们不再关注事实为何物,是因为事实本身变得不再重要"。概括而言,"后真相"是指传播主体不是对新闻事实进行完整的呈现,而是通过煽动情感、强化偏见、迎合情绪的方式传播符合受众主观认知但偏离事件原本真相的内容,客观事实和理性思辨被传播主体和接收主体抛之脑后。

2. "后真相"的形成原因

受众不在意信息是否为真,更关注信息背后所包含的情感因素。在信息社会中,感性因素比理性因素更容易影响公众的决策和看法,真相的重要性被逐渐淡化,虚假信息、谣言、偏见等成为社会舆论的主要因素之一。

"后真相"的成因表现为:

(1)技术变革深入新闻传播领域,新媒体和社交媒体的发展改变了传播格局。社交媒体成为信息流动的主要载体,信息数量激增导致信息质量鱼龙混杂,难以核查真假,从而加剧虚假信息泛滥。新媒介和社交媒体提供了充斥碎片化的、真假难辨的、零散的信息的空间,更多地追求关注量和点击率。媒体也不再需要对信息真实性负责,使得真相呈现的方式被碎片化。

(2)社交媒体进一步扩展了媒介的可接触性,成为大众表达诉求的最佳途径。大众的文化水平和媒介素养参差不齐,很难进行有效的核实和辨别。同时,权威信息缺位,使得获取话语权力的媒介使用者容易被情感左右,以感性认知取代理性实证,并诱发媒介审判、媒介暴力、人肉搜索等传播恶相。

(3)随着社会转型期问题的凸显,社交媒体成为大众寻求发声和表达诉求的最佳途径,但大众对平民文化的鼓吹和精英文化的消解,以及社会群体中弥漫的民粹主义、反智主义等问题,使得受众面对碎片化信息时无法进行有效的核实和辨别。

3."后真相时代"带来的挑战

"后真相时代"给新闻媒体、监管部门和受众都带来了新的挑战。

对于新闻媒体来说,后真相时代要求新闻机构和媒体人坚持专业主义,确保新闻报道的准确性和客观性。在这种情况下,BBC等媒体提出了"慢新闻"概念,通过对话题进行深入分析和还原事件情境,为观众提供更多背景信息,以使观众能够更好地理解新闻背后的事件和原因。此外,主流媒体还需要积极进行舆论引导,将社会意见引到同一个方向上,以保持公众对事件的正确理解。

监管部门在后真相时代面临的挑战在于如何落实新闻核实查验机制,防止虚假新闻的制作和传播。为此,监管部门应增强新闻核实手段,并提高虚假新闻的制作成本。此外,监管部门还需要加强对新闻生产者的监管,确保他们遵守透明性原则,公开新闻制作过程,并允许公众参与到新闻生产过程中来,以促进新闻的公正和客观。

对于受众来说,后真相时代要求他们增强辨识和批判能力,寻求多方信息源,对不确定的消息保持怀疑的态度,并且做到不随意进行传播。只有这样,才能在后真相时代中更好地理解新闻事件的背景和原因,避免被虚假新闻误导,并保持正确的价值观和信仰。

4.假新闻与反转新闻

后真相时代带来了海量的信息和数据,同时也使得信息的传播更加快捷和广泛。但与此同时,由于信息的分散性、复杂性和多样性,人们越来越难以区分真假信息,很多错误、虚假,甚至有意误导受众的信息也得以通过互联网迅速传播。

假新闻和反转新闻就是后真相时代的产物。假新闻是指虚假的信息,它通常包含错误的事实、片面的论据和夸张的言辞,旨在引起公众的兴趣和关注。假新闻的产生和传播与互联网技术的发展密不可分,任何人都可以通过互联网轻松地发布和传播自己编造的新闻,而且往往可以迅速走红。假新闻在很多情况下会对社会造成极其恶劣的影响,例如误导公众、扰乱社会秩序、煽动仇恨情绪等。

反转新闻是指在报道同一事件时,出现报道的变化和反向变化的现象。反转新闻通常伴随着戏剧性的事件反转和公众态度反转,以吸引公众的眼球。反转新闻的出现与互联网时代的碎片化信息和刻板印象密切相关。在互联网环境下,新闻报道的时效性得到加强,很多信息未经核实或不全面,也被广泛传播。同时,许多人对某些社会现象和事件存在刻板印象和成见,当接收到碎片化信息时,往往会根据自己的刻板印象和成见进行快速判断和推断,这导致了可能出现的偏见和误判,引发反转新闻的出现。

三、案例导读

◇ **案例 3**

2022 新闻反转事件:《中国小伙被绑架去柬埔寨当"血奴"？官方回应来了:纯属编造》

来源:新浪新闻,2022-02-28

事件:2022 年 2 月 12 日,一名在柬埔寨的中国男子李某遭网赌集团圈养抽血卖钱的消息热传。该男子自述,其因轻信网上的虚假招工广告,被犯罪团伙胁迫偷渡至柬,后遭网赌电诈团伙非法拘禁,并被多次大剂量抽血,生命垂危。随后多家媒体跟进报道,舆论沸腾。

反转:2 月 28 日,柬埔寨警方向中国驻柬埔寨大使馆通报了初步调查结果,认定所谓"血奴"案纯属编造。柬警方称李某偷渡来柬后因肝部患严重疾病,联系当地一社会组织寻求帮助,先后有三人出于不同目的,协助李编造、宣传其被非法拘禁、受到虐待及充当"血奴"的假新闻。2022 年 8 月,多人因此案在柬获刑。

【案例评析】

这篇报道是一个典型的后真相时代下的反转新闻,最初报道的内容是一名中国男子在柬埔寨被网赌集团圈养抽血卖钱,这引发了舆论的强烈关注。但在 2 月 28 日,柬埔寨警方向中国驻柬埔寨大使馆通报了初步调查结果,认定所谓的"血奴"案纯属编造。经过调查发现,该男子之所以会被抽血是因为他在柬埔寨患了严重的肝病,他曾联系当地社会组织寻求帮助,之后有三个人出于不同的目的协助他编造了假新闻。这些人因此案在柬获刑。

这个事件体现了后真相时代新闻报道容易带来假新闻和舆论误导的现状。一旦假新闻被报道出来,会迅速引起广泛的关注和讨论,造成不良的社会影响。但反转新闻的出现也提醒人们要保持客观、理性的态度,不要盲目相信新闻报道,应该积极寻求真相,避免被误导。在这个过程中,媒体应该承担起更加负责任的角色,避免一些不实信息的传播,提高新闻报道的准确性和可信度。

思考与讨论

1. 在后真相时代,新闻媒体如何更好地避免假新闻和舆论误导的出现,如何加强新闻报道的可信度和公信力？

2. 新闻媒体如何在追求新闻热点和引起公众关注的同时,保持客观、公正的态度,如何平衡新闻价值和社会责任？

3. 在后真相时代,公众如何更好地识别假新闻和真相？应如何培养正确的新闻素养,以更加理性、客观的态度看待新闻报道？

第三节 机遇之新：新媒体新闻的公信力建设

一、导语

习近平总书记在党的十九大报告中强调，坚持正确舆论导向，高度重视传播手段建设和创新，提高新闻舆论的"四力"，即传播力、引导力、影响力和公信力，为主流媒体的新闻舆论工作提供发展方向与现实遵循。在新媒体时代，面对底层技术的革新和传播格局的改变，新时代主流媒体在构建"四力"中面临着多元需求难以满足、用户共情空间窄化、渠道失灵以及流量桎梏等多重问题。如何针对性地改进问题，提升"四力"，在媒介融合的下半场把握纵深发展契机，也成为目前主流媒体不可不答的试题。

此外，中国社会科学院新闻与传播研究所及社会科学文献出版社共同发布的《新媒体蓝皮书：中国新媒体发展报告 No.13（2022）》指出，在对突发事件或舆论热点信息渠道的可靠性评估中，传统主流媒体具有无可比拟的权威性，《人民日报》、新华社、中央广播电视总台三大国家级主流媒体渠道公信力均超过 80%。2021 年数据显示，中央广播电视总台的新闻及评论获"基本可靠"和"非常可靠"的比例高达 88.1%，比上年增长了 2.3%；其他主流媒体的平均值在 86% 左右。门户网站方面，政府门户网站的权威性与公信力具有绝对优势，受访者中认为政府门户网站新闻"基本可靠"和"非常可靠"的比例高达 83.5%，远高于知名互联网门户网站 36.0% 的可靠性认知水平。

从调查中可看出受访者对新媒体信息渠道的公信力认同与主流媒体相比呈现出显著差异。总体来看，接近四成的受访者对微信群和 QQ 群等即时通信群组渠道的信息信任度较低（"不太可靠"和"很不可靠"），正向评价（"基本可靠"和"非常可靠"）仅为 11.5%。对于即时通信软件新闻、社区新闻、视频网站新闻，以及个性化推荐新闻来说，均有 30% 左右的受访者传达了"不太可靠"和"很不可靠"的负面认知。

由此可见，当下更多的受众愿意相信来自中央广播电视总台等主流媒体的突发事件报道或舆论热点信息，主流媒体在公信力方面具有强大优势。新媒体在当前社会发挥着越来越重要的作用，其准确性和可信度对社会舆论的引导和公众意见的形成具有重要意义。因此，要想在新媒体时代获得公众的认可和信任，就必须注重公信力的建立。公信力的建立需要新媒体秉持一定的价值观和道德标准，例如公正、客观、真实、可信等。只有遵循这些原则，新媒体才能获得公众的认可和信任，成为一个可靠的信息来源。新媒体只有具备足够的公信力，才能够赢得公众的信任和支持，提高其知名度和影响力。因此，建立公信力是新媒体在竞争激烈的市场中生存和发展的关键。

为加强新媒体的公信力，还需要在多方面下功夫。首先，新媒体应加强内部管理，建立规范化的编辑审核流程,确保新闻真实可信。其次,加强与权威机构的合作,及时获取权威信息,同时避免出现炒作等违规行为。同时,应积极回应公众关切,提供可靠的事实信息,树立自己的公信力。最后,加强对社交媒体的管理,防止谣言和虚假信息的传播。只有通过这些努力,新媒体才能真正成为公众信赖的信息来源,发挥其应有的作用。

二、重要概念

1. 传播力(Transmissibility)

新闻的传播力指在传播过程中所产生的影响力和传递效果。它反映了新闻传播的广度和深度,也是评价新闻传播效果的重要指标之一。新闻传播力的大小取决于多种因素,如新闻内容、媒体传播能力、受众接受程度、传播渠道等。一条具有较强传播力的新闻可以快速地被大量传播,引起广泛关注和讨论,甚至对社会产生重大影响。而新闻传播力较弱的新闻则往往被快速遗忘,对社会产生的影响也较为有限。因此,提高新闻的传播力对媒体和新闻从业者来说至关重要。需要注意新闻的质量、时效性、社会价值等方面,并选择合适的传播渠道和手段,促进新闻的广泛传播和深入影响。

2. 引导力(Guidance)

新闻的引导力指的是新闻媒体在报道新闻时所发挥的引导作用,包括新闻媒体在选择新闻、编辑新闻、发布新闻等方面所产生的影响力。新闻媒体是社会舆论的重要引导者,通过选择、编辑、发布新闻,可以对公众产生不同程度的影响。例如,新闻媒体可以通过报道一些重要的社会事件,引导公众关注社会问题,促进社会进步和发展;同时,新闻媒体通过报道一些负面事件或者展现一些不正当的价值观念,对公众产生消极影响。

在实践中,新闻媒体应该根据社会发展和公众需求,合理运用自身的引导力,积极传播正能量,宣传社会主义核心价值观,引导公众树立正确的价值观和世界观,促进社会和谐稳定发展。同时,新闻媒体也需要时刻保持客观、公正、中立的态度,在报道中注重事实真相的呈现,避免对公众产生误导。

3. 影响力(Influence)

新闻的影响力指的是新闻对受众、社会和文化的影响程度。新闻是人们获取信息和知识的重要途径,也是引领公众舆论、形成社会共识的重要工具之一。因此,新闻的影响力是指新闻内容所能引起的社会关注度、情感共鸣度、行为引导度和文化传承度等方面的影响。新闻的影响力可以是正面的,也可以是负面的,可以是直接的,也可以是间接的。新闻的影响力除了受到新闻本身的品质和价值的影响,还与新闻传播渠道、传播范围、受众群体、社会文化背景等因素有关。

4. 公信力(Credibility)

公信力指社会公众对媒体的信任度,它有赖于媒体对新闻信息真实、准确、全面、客观传播的信誉累积。真实是新闻的生命,是公信力的重要来源,也是媒体和新闻舆论工作者的立身之本。有不少新兴媒体因为一味吸引眼球,致使不实、虚假信息丛生和蔓延,逐渐失去受众信任。相比之下,我国的传统媒体特别是主流媒体,由于较为严格的行业管理和规范,加上长期以来形成的优良传统,总体而言公信力较高。新闻信息及时而全面地公开,也是新闻媒体公信力的重要来源。在"人人都有麦克风"的时代,各种不实信息乃至谣言极易在社会上广泛传播。如果真实、准确的公共信息不能及时和全面发布,就会助长谣言的声势。

三、案例导读

◇ **案例 4**

中国新媒体公益 2022 十大优秀案例发布

来源:中国记协网,2022-12-22(有删减)

由中国记协新媒体专业委员会组织推荐的中国新媒体公益 2022 十大优秀案例 12 月 22 日正式发布。这十大优秀案例覆盖综合服务、教育公益、环境保护、文物保护等领域,主题鲜明、内容新颖、影响广泛,充分运用新媒体形式手段和传播平台,具有良好的示范效应。

"中国新媒体公益 2022 十大优秀案例"分别是:中央广播电视总台报送的《"不负韶华 国聘行动"大型融媒体招聘活动》、新华社报送的《"乡村儿童操场"公益计划》、澎湃新闻报送的《战疫服务平台》、浙江广播电视集团报送的《"百千万"助力共同富裕新闻行动》、腾讯报送的《未来教室》、哔哩哔哩报送的《文物撑伞人守护计划》、湖北广播电视台报送的《长江说法儿童紧急救援计划》、芒果 TV 报送的《2022"微芒成阳"芒果公益助学季活动》、喜马拉雅报送的《用声音助残助盲》、人民网报送的《"战疫"求助与建议通道》。

此次优秀案例推荐工作是在 2022 中国新媒体联合公益行动基础上开展的。2022 年 8 月,由中宣部志愿服务促进中心指导,中国记协新媒体专业委员会组织,2022 中国新媒体联合公益行动在中国新媒体大会上正式启动。联合公益行动开展以来,中央及地方新闻单位、商业传播平台等新媒体新平台积极参与,组织开展了丰富多样的公益活动,覆盖扶老、助残、助农、救灾、教育、环保、寻人、维权等领域,取得良好传播效果,充分体现新媒体新平台践行社会责任,投身公益事业的使命担当。

自 2019 年以来,中国记协新媒体专业委员会已连续 4 年开展中国新媒体联合公益行动并组织推荐新媒体公益年度优秀案例,旨在总结推广新媒体公益实践经验,推动公益与"新媒体+"深度融合,助力新时代公益事业更好发展。

【案例评析】

从中国记协新媒体专业委员会组织推荐的中国新媒体公益 2022 十大优秀案例可以看出,这些获奖案例覆盖多个领域,包括综合服务、教育公益、环境保护、文物保护等,主题鲜明,内容新颖,影响广泛,充分利用了新媒体形式和传播平台,具有良好的示范效应,展现了新媒体在推动社会公益事业方面的积极作用。

这些案例体现出新媒体在公益领域中的引导力、传播力、影响力和公信力,这也是新闻媒体应具备的基本要求。这些案例通过充分利用新媒体平台,以鲜明的主题和新颖的内容吸引了广大受众的关注和参与,具有一定的示范作用。

这些案例的发布和推广,有助于提升新媒体在社会中的公信力,树立新媒体的良好形象,增强公众对新媒体的信任感和认可度。同时,这些案例也体现了新媒体平台在公益领域中的作用,激发了更多新媒体平台和机构的积极性和创造性,推动了新媒体公益事业的发展和壮大。

可见,新媒体的公信力仍需持续努力和建设,需要更多的公益实践和优秀案例的推广,不断加强自律和规范化建设,提高信息真实性和准确性,以赢得更多公众的信任和支持。

思考与讨论

1. 哪些因素会影响新媒体新闻的公信力?
2. 在新媒体公益活动中,如何平衡社会效益和商业价值?
3. 新媒体的快速传播和信息爆炸现象对社会造成了哪些影响?如何规范和引导新媒体传播?

第三章 03

新媒体新闻价值的内涵

第一节　如何理解新闻价值的要素

一、导语

新闻价值的内涵包括新闻的信息价值、教育价值、舆论价值、经济价值等多个方面。这些价值共同构成了一篇新闻报道的完整内涵，也是新闻报道能够引起公众关注和产生影响的重要因素。

从信息价值的角度来看，新闻报道必须及时、准确、全面地反映事件的真相和现象的本质，为公众提供客观、全面的信息服务。从教育价值的角度来看，新闻报道需要具有启发思考、增长知识的作用，为读者提供有价值的信息和观点。从舆论价值的角度来看，新闻报道必须具有引导公众舆论、激发公众情感的作用，引起社会关注和反响。从经济价值的角度来看，新闻报道必须具有市场需求、商业价值和投资价值，具有一定的经济效益。

因此，新闻价值的内涵不仅涵盖了新闻报道的基本属性和要素，也反映了新闻产业和新闻业务的复杂性和多样性。对于新闻从业者而言，深刻理解新闻价值的内涵，不断提高新闻报道的质量和价值，才能够更好地满足公众的需求，提高新闻业的发展水平。

二、重要概念

1. 新闻价值（News value）

新闻价值是指新闻报道中所具有的吸引读者或观众注意力、引起公众关注和讨论的程度。对新闻价值的理解也可以是事实所具有的能满足社会与公众对新闻需要的要素总和，它包括新闻报道的意义，以及新闻报道对公众、社会、政治和文化等方面的影响。不同的新闻价值标准可能存在差异，一般来说，新闻价值由以下要素构成：

（1）新闻的重要性

指新闻事件对公众、社会或者特定人群的影响程度和重要性，即其所涉及的问题在读者中有多大的关注度和影响力。新闻的重要性通常是新闻价值的最重要因素之一。一些事件可能会在公众、政府或全球范围内产生重大影响，因此这些新闻通常被认为具有很高的价值。在我国媒体对新闻价值要素的理解和把握上，媒体最为重视的就是新闻的重要性。

(2) 新闻的时效性

新闻的时效性通常是衡量新闻价值的另一个重要因素。新闻是对新近发生的事实的报道,通过及时报道最新的事件和事实,让公众第一时间了解事件的发生和进展情况。新闻需要及时报道以吸引读者的注意力和兴趣,因此在某些情况下,即使是一些相对不太重要的新闻也可能会因为它们的时效性强而具有很高的价值。

(3) 新闻的接近性

指新闻事件与读者的距离,即其与读者生活、工作、学习等方面的关系和影响。接近度越高,读者越容易产生共鸣和兴趣。例如关系到公众的切身利益,比如关于食品安全、交通安全、医疗健康等问题的报道能够直接影响到公众的生活和利益,这类新闻最易引起公众的共鸣。因此新闻报道应该有独特的视角和创新的形式,让公众对事件有新的认识和了解,引起公众的兴趣和关注。

(4) 新闻的趣味性

新闻的趣味性是指新闻报道所呈现的内容或形式能够引起读者或观众的兴趣和注意力。有趣的新闻报道可以让人们更好地理解事件、提高关注度、增强记忆力和娱乐性。增强新闻的趣味性可以使用生动形象的语言来描述事件,让读者更容易理解和产生共鸣,也可以在报道中引用幽默元素,让新闻更加有趣;但要注意掌握好幽默的尺度,否则会影响新闻的严谨性。

新闻趣味性的提升需要多方面的考虑,包括内容和形式上的优化。最终目的是吸引读者的注意力,提高新闻的传播效果。

(5) 新闻的显著性

新闻报道应该让大多数人有关注的兴趣,报道的主题往往具有一定的意义和价值,关系到公众利益,比如关于环保、教育、科技、文化等方面的报道。在稿件质量上,新闻报道应该准确、客观、全面地反映事实,遵守新闻伦理,维护新闻专业性和公信力,让公众对新闻媒体的报道产生信任和认同。

以上是常见的新闻价值标准,不同的新闻媒体或者记者会根据自己的专业背景和报道对象的不同,选择不同的新闻价值标准来评估新闻的重要性和吸引力。新闻媒体应该根据实际情况,科学准确地评估新闻报道的价值和意义,为公众提供有价值的新闻报道。了解新闻价值内涵的意义在于,它可以帮助媒体选择和报道更具有社会意义和影响力的新闻事件,提高新闻报道的质量和水平,更好地服务社会和读者。

2. 影响新闻价值的因素

影响新闻价值的因素可以理解为影响和制约新闻报道的各种因素,这些因素可能会影响新闻报道的真实性、客观性、权威性、深度、时效性、传播效果等各个方面,从而影响新闻报道的价值。对于新闻报道,需要考虑多方面的因素,尽可能保证其真实、客观、权威、深度、时效等方面的价值。同时,也需要注意避免各种因素的负面影响。

在现实环境中,新闻价值受到多种因素的影响,包括以下一些常见的因素:

(1) 独家性

新闻报道的独家性指该新闻事件只有该媒体或该记者进行报道。独家性可以提高媒体的竞争力和读者的关注度。但是新闻价值的独家性在当今的数字时代越来越难以实现,要想在新闻报道方面获得独家性,记者需要敏锐地观察社会事件和趋势,察觉事件的细微变化,并在第一时间对事件作出反应;同时还需要有快速的新闻传播能力,因为独家新闻的价值在于能够第一时间向公众披露新闻,以确保新闻的独家性。

(2) 情感价值

新闻的情感价值指的是新闻报道所涉及的情感因素对读者产生的影响和价值。新闻事件中呈现的情感元素,比如悲伤、惊奇、兴奋等情感元素可以吸引读者的情感共鸣和兴趣,提高新闻的感染力。新闻报道的情感价值应该是有价值的、有意义的,能够引起读者的思考和行动。一篇有情感价值的新闻报道不仅能够传递新闻事实和知识,还能够引起读者的情感共鸣和思考,增强读者对事件的关注和理解。

2021年7月20日,河南省郑州市遭遇特大暴雨袭击,多个地区发生水灾,造成了巨大的人员伤亡和财产损失。在灾难面前,无数勇敢的人物挺身而出,舍生忘死地救援被困群众。其中,一段新闻视频记录下了几名地铁工作人员在水深数米的地下车站内顶着巨大的水压,连夜疏散乘客的英勇事迹。视频中,地铁工作人员和乘客们面对着突如其来的洪水,勇敢地迎难而上,顶着巨大的水压,用尽全力奋勇拼搏,最终顺利疏散。这段新闻视频记录了他们的泪水、呼吸声、挣扎和奋斗,感动了全国人民。这个事件展现了中国人民的勇敢和拼搏精神,同时也引起了社会对城市安全建设的关注和反思,成为2021年最具情感价值的新闻事件之一。

(3) 知识性

新闻的知识性指新闻报道传递知识和信息的程度。一个新闻报道要想具备知识性,必须包含有价值的信息和事实,能够增加读者的知识水平或了解事物的方式。知识性是新闻报道的重要特征之一,一篇有知识性的新闻报道不仅能够提供新闻事实,还能够让读者了解事件的本质和背后的原因,为读者提供有价值的信息和思考。

英国广播公司(BBC)2019年发表了一篇名为《极地熊:消失中的物种》的新闻报道,深入探讨了极地熊受到全球变暖和气候变化的威胁以及野生动物保护的问题。报道涵盖了许多方面的内容,包括极地熊的栖息地和生态环境、全球变暖对极地熊的影响以及野生动物保护的挑战和解决方案。这篇报道通过大量的研究和专业知识,详细解释了气候变化和全球变暖对极地熊生存的影响。报道还指出,由于污染、过度捕猎和栖息地破坏等原因,极地熊正面临灭绝的危险。这篇报道深入探讨了一个全球性的问题,并提供了关于环境保护和野生动物保护的知识,让读者了解和认识到全球变暖和气候变化的严重性,同时呼吁采取措施来保护极地熊和其他濒危物种。

（4）影响力

新闻价值的影响力是指新闻报道所具有的社会影响力和社会价值。一篇有影响力的新闻报道可以引起公众的关注和关心，激发社会的共鸣。新闻的影响力可以表现在多个方面，包括引发公众的思考和讨论，促进社会进步和发展；影响政治决策和舆论，对社会的政治、经济和文化等方面产生影响；增加社会对某些议题的认知和了解，提高社会对某些问题的重视程度；改变人们的态度和观点，推动社会的价值观和道德观的变革；或是对人们的生活和工作产生影响，如新产品的推出、新技术的应用等。例如，一篇关于环境保护的报道可能会引起公众对环境问题的重视，并导致政策和行业的变化。新闻价值的影响力是评价新闻报道质量和社会意义的重要标准之一，媒体在选择和报道新闻时，应该注重新闻价值的影响力，力求做到客观、公正、深入、全面。

三、案例导读

◇ 案例1

2021年普利策新闻奖获奖作品

普利策新闻奖（Pulitzer Prize）是美国新闻界的最高荣誉之一，旨在表彰在新闻、文学、音乐和戏剧领域做出杰出成就的个人或团体。该奖项成立于1917年，以出版商约瑟夫·普利策（Joseph Pulitzer）的名字命名。普利策新闻奖每年由哥伦比亚大学颁发，共设有21个奖项，其中14个与新闻相关。这些奖项涵盖了新闻报道、调查新闻、编辑评论、特写、摄影、漫画、音乐评论等领域。

普利策新闻奖的获奖作品通常被认为是美国新闻界最高水平的体现，也对世界新闻业具有重要影响。

2020年，《纽约时报》（*The New York Times*）发表了一篇题为《唐纳德·特朗普几乎没有缴纳联邦个人所得税》的报道，披露了美国前总统唐纳德·特朗普（Donald Trump）在过去十几年中只缴纳了很少的联邦个人所得税。

报道称，唐纳德·特朗普自2010年以来的10年间，8年中并没有缴纳任何联邦所得税，另外两年仅缴纳了500美元，而据估计他在这些年中赚取了数十亿美元。此外，报道还援引了数百页的税务记录和相关文件，揭示了唐纳德·特朗普的税务漏洞和逃税行为。

报道指出，唐纳德·特朗普通过将开支和捐赠列为扣除项，成功地将他的个人所得税降至极低水平。但是，这些开支和捐赠的真实性和合法性却存在争议，且存在不少被视为可疑的交易。报道中还指出，唐纳德·特朗普可能面临着法律风险，因为有些扣除项目涉及"可能构成刑事行为"的情况。

这篇报道引发了广泛的关注和争议。很多人批评唐纳德·特朗普的税务漏洞和逃税行为，称其是一个富豪和精英阶层普遍存在的问题。另外，这篇报道也对美国政治和经济产生了影响。一些人认为，这些税务记录和透明度问题会影响到唐纳德·特朗普在美国总统竞选中的支持率,同时也可能对美国的税收政策和经济产生一定的影响。

最终,《纽约时报》因此获得了2021年普利策国家新闻奖的荣誉,被评为"国家报道"类别中的胜出者。

【作品评析】

过去几年的获奖趋势表明,普利策奖评审团更注重那些涉及公共利益、社会正义和环境问题的作品。例如,2021年的新闻报道类奖项颁发给了《明尼阿波利斯之死》(The Death of George Floyd)的报道;而评论类奖项颁发给了研究种族和性别平等的作品《政治的解剖》(The Anatomy of American Policing)。2019年的诗歌奖项则颁发给了玛丽安·莫里森(Marylin Morrison)的诗集,其中包括她的关于种族隔离和种族歧视的创作。

这篇报道揭示了美国前总统唐纳德·特朗普的税务漏洞和逃税行为,这对于公众了解政治人物的真实面貌和税务制度的完善都具有重要意义。同时,报道中涵盖了丰富的细节和深度的分析,说明了唐纳德·特朗普为什么能够逃税,而且这种行为并不违法,引发了公众对税收制度和政治人物重要问题的讨论。《纽约时报》经过了长时间的调查和确认,确保了报道的准确性和可信度。这种严谨的态度体现了专业新闻报道的标准。从影响力的角度来看,这篇报道引起了公众的广泛关注和讨论,唐纳德·特朗普的税务问题也成为美国政治热点话题之一。该报道还推动了当地政治改革和税务改革的讨论和实施。

从2021年度普利策获奖新闻作品《唐纳德·特朗普几乎没有缴纳联邦个人所得税》中可以看出,不同社会政治制度下的新闻媒体在新闻价值取向上有很大差异,这是因为新闻媒体的报道受到政治、经济、文化等多方面因素的影响。我国新闻媒体更重视新闻价值的重要性,强调报道公正、客观的新闻,尊重事实真相,以公众利益为出发点,以促进社会主义民主、法治的全面发展。影响中美新闻价值取向的主要因素有社会政治制度、新闻政策、新闻媒体定位、文化差异等。

思考与讨论

1. 你能通过这篇报道总结出哪些新闻价值?
2. 请思考影响中美新闻价值的因素是什么。

第二节　新媒体新闻价值的判断

一、导语

随着新媒体技术的不断发展和普及,新媒体已经在新闻传播方面发生了很大的变化,同时新闻的价值要素也发生了一些新的变化。

首先,新闻实时化是新媒体带来的最明显的变化之一。借助于先进的媒体技术,新闻和观众实时交流互动成为可能,新闻周期被缩短,新闻的实时传播得以实现。如中国深圳卫视于2021年推出"燃情南极"真人秀节目,记录了一支中国科考队在南极的生活和科学考察情况,节目主持人与科考队员互动,探讨南极科考的重要性、科考工作的难点和挑战等话题。同时,观众可以通过深圳卫视官方微信公众号、微博等社交媒体平台参与互动,与节目嘉宾进行交流,分享自己的看法和感受,以及参与互动活动并赢取奖品。通过这种实时互动方式,深圳卫视不仅让观众更深入地了解南极科考的重要性和现实意义,也让观众感受到自己的参与价值,增强了节目与观众之间的联系和互动,提高了节目的关注度和影响力。

其次,在新媒体时代,表达个性化成为新的特点,用户和观众可以自由公开地在互联网上发表意见,相关工作人员需要更多地展现出自己的主观能动性,力求在新闻传播中将其传播效果发挥到最大。例如,2020年新冠疫情期间,一些新闻媒体发布了一系列疫情图片集锦,记录了疫情对人们生活和经济的影响;也有一些新媒体发布了一系列关于病毒传播方式的动画视频,让读者可以更加直观地了解病毒的传播路径和防控措施。

最后,新闻的内涵和新闻价值的标准会因为时间感、空间感、速度感和社会关系的重构而发生变化。新媒体技术的革命已经改变了新闻的生产方式以及人们对新闻的理解。这些变化使得新闻媒体更加生动、直观、个性化,也更加方便受众参与和互动。例如,美国《纽约时报》推出"50个问题,了解你的气候足迹"互动问卷,该问卷针对旅游业对气候变化的影响而设计,旨在帮助人们评估自己的旅游行为对环境的影响,并提供相应的改善建议。问卷内容包括旅游方式、食品和饮料选择、购物习惯、酒店和航班选择等方面,通过回答问题,用户可以得到一个针对自己旅游足迹的评估,并获得针对性的环保建议。这种个性化问卷不仅为读者提供了一种参与性的环保教育方式,还展示了媒体对于环保议题的关注和责任感,加深了读者对该媒体的信任和忠诚度。同时,该问卷也得到了社交媒体的广泛传播,进一步扩大了其影响范围。

综上所述,新媒体的新闻价值之所以会发生变化,是由新媒体技术的不断发展和普及,以及新闻生产方式和人们对新闻的理解发生了很大的变化所致。

二、重要概念

1. 新媒体新闻价值的特点

（1）实时性

新媒体具有传播速度快、反应迅速的特点,可以及时报道突发事件和重大新闻。如在2020年新冠疫情期间,新媒体在报道疫情方面发挥了巨大作用,通过实时更新疫情动态、分析疫情数据、报道防疫措施等方式，为公众提供及时、准确、权威的疫情信息，帮助人们更好地应对疫情，让公众了解疫情的发展情况、防控措施、医疗救治等方面的信息，为疫情防控提供了重要的支持和帮助。

(2) 互动性

新媒体可以让受众参与新闻报道、表达观点和交流意见，促进受众与媒体之间的互动和沟通。如2021年春节联欢晚会中的"共享喜乐"环节，在这个环节中，观众可以通过央视新闻客户端、微博、微信等多个渠道上传自己的祝福、感言、短视频等内容，与全国观众分享自己的快乐和感动。此外，晚会还推出了线上的"跨年连线"和"2021岁月神偷"互动活动，让观众可以通过手机和晚会现场进行互动。这个互动的过程，增加了观众与春晚之间的联系，提高了他们对春晚的参与感和兴趣。同时，春晚也能够根据观众的反馈和喜好做出相应的调整，让晚会更贴近观众的需求和关注点。这个案例体现了新闻价值和互动性的结合，也为其他新闻节目提供了借鉴和启示。

(3) 多样性

新媒体可以通过多种形式、多种媒介呈现新闻，包括文字、图片、音频、视频等，丰富了新闻传播的形式和内容。

(4) 分享性

新媒体可以通过社交网络等平台方便地分享新闻内容，促进信息传播和扩散。新媒体可以通过互联网等技术手段，将全球范围内的新闻报道带给全世界受众，例如国际新闻网站、国际新闻社交媒体等，为人们了解世界提供便利和帮助。

(5) 数据化

新媒体可以通过数据分析等手段挖掘新闻价值，提高新闻报道的深度和广度。如关于消费者权益的报道，新媒体平台可以通过数据挖掘、调查等手段发掘消费者维权的问题，例如餐饮安全、虚假宣传、产品质量等，对企业和政府进行监督和约束，维护消费者的权益。

总的来说，新媒体新闻的价值在于其所具有的实时、互动、多样、分享和数据化的特点，这些特点为新闻传播提供了更多的可能性和机会，也让受众更加方便地获取和参与新闻报道。但是，根据目前我国新媒体的发展趋势，新媒体新闻的真实性、可信度、专业性等方面仍然存在诸多问题。同时，新媒体新闻的技术门槛较低，这也为新媒体新闻的公信力带来了一定的挑战，因此在对于新媒体新闻价值的判断上应该从各方面考虑，争取以更符合专业水准的要求来进行新媒体新闻创作。

2. 如何评估新媒体新闻价值

新媒体新闻的价值需要从多个角度来看待。一方面，新媒体具有实时性和互动性强的特点，能够及时报道突发事件、重大新闻和社会热点等，让人们能够更快地获取信息，更深入地了解事件的发展。同时，新媒体平台上的用户可以通过评论、转发等方式参与到新闻报道中,增强了新闻的社会性和参与性。另一方面,由于新媒体的信息来源较为分散、质量难以保证,新闻的真实性和客观性可能受到影响。一些不负责任的信息发布者也可能故意散布谣言和虚假信息,误导公众甚至引起社会恐慌。因此,对于新媒体的新闻价值,我们需要保持警惕和批判性思维,对信息进行审查和核实,避免被不实信息所误导。

对于新媒体新闻的价值,我们需要保持理性和客观的态度,既重视其传播速度和参与性,也注重信息的真实性和客观性。在评估新媒体平台新闻的价值时,需要考虑报道的多个因素。快速、多样化、互动性和社交性等优势可以为新闻提供一定的价值,但这些优势也可能带来一些负面影响,如准确性和可信度的缺失。因此,我们应该保持批判性思维,同时注意新闻的来源和质量,以便更好地理解和评价新媒体新闻的价值。

3. 影响新媒体新闻价值的因素

新媒体时代,新媒体新闻价值也更加多样化和复杂化。新媒体新闻需要不断适应新的技术和用户需求,才能更好地提高新闻价值和影响力。影响新媒体新闻价值的因素包括以下几个方面:

(1) 新闻内容的多样性

新媒体时代的报道形式和媒体类型的多样性,使得新闻的呈现方式更加多元化,从而丰富了新闻内容。文字、图片、音频、视频等形式的多样性,为新闻报道提供了更多的表达方式和传播途径,也使得新闻更具生动性和可视性。例如,视频可以用动态的画面和音效,将观众带入报道的现场,让他们感受到新闻事件的真实性;图片可以通过色彩、角度、构图等元素,传递情感和信息,让读者一目了然;而音频可以通过音乐、声音、配乐等元素,更好地渲染情感和氛围,提升新闻的感染力。这样的多样性也为新闻的价值取向提供了更多的可能性。不同类型的新闻报道往往会注重不同的价值取向,例如,视频报道可能更注重情感价值,音频报道可能更注重人物价值,而文字报道可能更注重客观价值。这种多样性可以满足不同读者的需求和兴趣,提高新闻的传播力和吸引力,从而增强新闻的价值。

(2) 用户兴趣的多样性

新媒体通过大数据技术和算法分析用户数据,能够更好地了解用户的兴趣和需求,以便提供符合用户需求的内容,同时也能更好地给用户推送相关的新闻内容。这就意味着,新媒体在新闻报道方面的定位也会随着用户需求的变化而发生变化,更多地关注用户感兴趣的内容,以更好地满足用户的需求,提升用户体验和满意度。而用户兴趣的多样性也会对新闻的价值产生影响,某些新闻因为其与用户兴趣相关性高,因而具有更高的新闻价值;而某些新闻可能因为其与用户兴趣相关性低,因而具有较低的新闻价值。因此,在新闻媒体选择新闻报道时,需要考虑到用户的兴趣,以及新闻与用户兴趣的相关性,从而更好地满足用户需求,提升新闻价值。

(3) 即时性

新媒体以其快速传播的优势,使新闻内容的即时性成为新闻价值的一个重要方面。对于大多数新闻事件来说,及时报道、第一手信息具有非常重要的意义。新媒体需要更快地获取、加工和发布信息,以满足用户对及时、实时、准确的新闻的需求。同时,由于信息的更新速度也很快,新媒体需要及时跟进事件发展,保持新闻的时效性和即时性。这也要求新闻媒体具备更快速、更敏捷的反应能力,以及更有效的组织和协调能力,以保证新闻报道的质量和效果。

(4) 传播方式的变化

传播方式的变化是指随着新媒体的发展,新闻传播的方式也在不断变化。

传播方式的变化对新闻价值的影响主要表现在以下几个方面:

首先,传播方式的变化使新闻的受众更加广泛。通过社交媒体等渠道传播的新闻可以更快地传播到更多的人群中,这意味着更多的人可以了解到新闻事件,从而提高了新闻的价值。

其次,传播方式的变化使新闻更容易被传播和分享。社交媒体等渠道可以让用户轻松地分享和转发新闻,从而使新闻的传播更加广泛和快速。

最后,传播方式的变化也使新闻更加直接和真实。通过社交媒体等渠道传播的新闻更容易与用户进行互动和交流,从而使新闻更加真实和生动,提高了新闻的价值。

(5) 竞争压力

随着新媒体的发展,媒体之间的竞争压力越来越大,为了吸引更多的读者和用户,新媒体需要不断地推出独特、有创意的新闻报道。这就需要新媒体采用不同的报道方式,选择更具争议性和吸引力的话题,或者从不同的角度切入报道同一事件,以此来吸引读者和用户的关注。同时,新媒体需要与时俱进,及时掌握社会热点、事件、趋势等,以保持在新闻报道领域的优势和竞争力。竞争压力的存在,促使新媒体在新闻报道上不断创新,以提高新闻报道的质量和价值。

(6) 消费者群体的多元化

消费者群体的多元化是指新媒体的用户群体非常广泛,他们具有不同的文化、背景、兴趣和需求。不同的用户对于新闻报道的需求和喜好也会不同,因此新闻价值也需要考虑到这一点。例如,年轻人对于时尚、科技、娱乐等新闻比较感兴趣,而老年人则更加关注健康、养生、家庭等方面的新闻。因此,新媒体需要通过数据分析和用户反馈等方式了解用户的兴趣和需求,提供符合用户需求的新闻内容。

(7) 话题热度

新媒体新闻价值的话题热度指的是新闻报道的话题与当前社会热点和关注度较高的话题相关的程度,以及在社交媒体等平台上的热度和讨论度。在新媒体时代,社会热点话题的变化速度很快,随着人们关注点的转移,新闻媒体也需要不断地跟进和报道相关话题,以吸引读者的注意力和增加新闻的传播力度。因此,新闻媒体需要及时了解社会热点话题的变化,并根据话题的热度和讨论度,选择合适的新闻报道方向。同时,在社交媒体等平台上,话题热度也成为评价新闻价值的一个重要指标。如果一条新闻报道能够引发广泛的讨论和关注,它的传播效果和价值就会更大。新媒体的新闻报道要迅速反映当前热点话题,迎合读者需求,具有话题热度的新闻更容易被读者关注和转发。

(8) 创意性

新媒体新闻价值的创意性指的是新闻报道的创意程度和创新性,即新闻报道是否采用了独特的、富有创意的报道方式,以吸引读者的注意力和增加新闻的传播效果。在新媒体时代,人们获取信息的渠道越来越多样化,读者对于新闻报道也越来越挑剔。因此,新闻媒体需要不断地创新和尝试,以满足用户的需求和提高新闻的竞争力。一些具有创意的新闻报道往往能够吸引用户的眼球,并引发讨论和转发。新媒体新闻不仅要报道新闻事实,还要通过图片、视频、音频等多种方式呈现,用新颖的视角和形式吸引读者。比如,在新闻报道中加入动画、视频等元素,以及采用一些特殊的视觉效果和设计手法,能够使新闻报道更具有吸引力和创意性。

(9) 时效性

新媒体新闻更新速度较快,时效性是评价新闻价值的重要因素之一。新媒体平台能够快速获取、加工和发布新闻,使得新闻的时效性得以大大提升。在某些情况下,一条新闻的及时性甚至可能影响到事件的进展和处理。同时,新媒体新闻的时效性也带来了新的挑战。为了尽快发布新闻,媒体可能会忽略一些细节,导致报道的不准确性和不完整性。因此,对于新媒体新闻来说,时效性虽然重要,但同时也需要注意新闻内容的准确性和完整性。在发布新闻时,需要对新闻进行核实和审查,以确保新闻的质量和可靠性。

(10) 互动性

新媒体新闻的互动性指的是读者和新闻内容之间的相互交流和互动。新媒体新闻可以通过评论、分享、点赞、转发等方式,让用户直接参与到新闻内容的传播和讨论中。通过用户的分享和转发,新闻的传播范围可以不断扩大,进一步提高新闻的曝光率和影响力。互动性还可以增强用户与媒体的联系和信任度,提高用户的参与度和忠诚度。然而,需要注意的是,新媒体新闻的互动性也存在一些潜在的问题和挑战。比如,新闻内容的准确性和真实性可能会因读者的评论和转发而受到影响,从而造成误解和歪曲。同时,新闻互动也可能引发恶意评论、网络暴力等问题,需要媒体和读者共同努力来维护良好的网络环境和积极的讨论氛围。新媒体新闻可以在社交媒体等平台上进行互动,能够引起用户参与、互动、分享的新闻也更有价值。

三、案例导读

◇ **案例 2**

央视新闻"全球日出·追光2023"视频号直播

来源：央视网，2022-12-27

这场直播由央视新闻联合微信共同发起，在这场跨年直播中，通过长达14个半小时的镜头，呈现全球50多个城市地标的新年日出，带来空中、海上等多个独特视角下的日出景象，记录运动健儿的拼搏进取与艺术家们的倾情演绎。来自自然、人文、音乐、体育、艺术等不同领域的多个视角，交织成2023年第一次"与光的约会"。

在直播中，"央视新闻"视频号直播间上线了视频号最新的多视角能力，在主画面之外，还为用户提供"演播室"和"精彩片段"两个视角，用户只需滑动屏幕，即可实现不同直播间的顺畅切换。这一能力让用户欣赏绝美日出的同时，还能与主持人及视频号创作者即时互动，并回顾节目中的精彩片段。

北京师范大学新闻传播学院学术委员会主任喻国明认为，这场直播是媒体融合的一次样本实践，通过多视角能力的技术应用和观众互动式点歌的内容设计极大地提升了观众的体验感，也让观众有机会参与内容的共建。

【案例评析】

央视"全球日出·追光2023"视频号直播是一个典型的新媒体新闻互动形式。在这种形式下，新闻不再是单向的信息传递，而是与观众之间建立了互动关系，观众可以通过评论、点赞、分享等方式参与新闻报道。

这种新媒体新闻互动形式具有很多优点。首先，它可以使新闻更加生动、活泼、亲民。观众可以通过直播评论区与主播或其他观众进行互动，分享自己的观点、想法和感受，同时也可以看到其他人的评论和反馈，让新闻更加丰富多彩，具有更强的参与感和体验感。其次，它可以增加新闻的传播范围和影响力。通过点赞和分享等方式，观众可以把自己喜欢的新闻内容分享到社交媒体平台上，让更多的人看到这个新闻，从而扩大了新闻的传播范围和影响力。

◇ **案例 3**

《天空日记：3000多张照片记录8年蓝天之增》

来源：人民网，2022-6-9

2022年6月5日世界环境日来临之际，《人民日报》头版头条刊发长篇述评《像保护眼睛一样保护生态环境——习近平生态文明思想引领共建人与自然生命共同体》，同步推出相关短视频产品《天空日记：3000多张照片记录8年蓝天之增》，这是由人民日报社经济社会部、人民网、人民日报社河北分社携手制作的视频，讲述了一个普通百姓的生态故事。它迅速刷屏，冲上热搜。打动亿万网友的，是退休工人、资深摄影爱好者王汝春，8年多如一日的坚守。从2014年元旦起，他坚持每天早上拍摄同一片天空，8年间几乎没有中断，"从69岁拍到77岁，蓝天照一年比一年多。"视频发布后，人民日报社经济社会部、生态环境部宣教司、人民网联合开展"晒晒我的'家乡蓝'"摄影作品征集活动，通过全媒体矩阵向海内外广泛传播。这一系列作品"上连党心，下接民心"，以百姓故事展现中国之治，以天空相册记录非凡十年，引发海内外亿万网友共情共鸣。

【案例评析】

《天空日记：3000多张照片记录8年蓝天之增》是一篇很有创意的新闻报道。该新闻作品立意于呼吁人们重视环境保护和空气质量，它的创新之处在于利用了新媒体平台，将数据可视化呈现，并通过多种方式进行传播，从而引起公众关注。

该短视频通过拍摄天空照片，利用科技手段对照片进行处理，形成了直观的数据可视化呈现，从而让人们更加清晰地了解蓝天的变化。这种可视化方式不仅使数据更易于理解，也让报道更加生动有趣。

同时，新闻作品在传播过程中充分利用了新媒体平台。除了通过线上平台发布照片和数据，还利用了微信、微博等社交媒体进行宣传和互动。例如，通过微信公众号发布数据和照片，引导读者参与讨论和分享，让更多人参与到环保行动中来。总体来说，《天空日记：3000多张照片记录8年蓝天之增》是一篇新媒体新闻报道的典范。它不仅充分利用了科技手段对数据进行可视化呈现，也通过新媒体平台进行宣传和互动，从而实现了信息的传播和环保意识的普及。这种新媒体题材和方式，可以激发人们的环保意识，推动社会进步。

◇ **案例4**

条漫作品《"种子选手"袁隆平》

来源：央视网，2022-5-21

2022年5月21日，袁隆平院士逝世一周年之际，央视网融媒体漫画栏目《小央画话》携手国内头部动漫制作公司艺画开天，制作了条漫《"种子选手"袁隆平》。漫画以袁隆平院士收养的小猫咪"袁花花"为视角，温情回顾袁老的一生。漫画制作精良，视角真实感人，上线后获得了网友们积极反馈，刷屏全网，产生了积极的社会影响。

该作品上线短短24小时内，全网曝光数亿，刷爆全网，仅微博传播量就有3.3亿，3个热搜，2个过亿话题，微博单条海报浏览就破3000万；B站播放第5；抖音热搜第9；腾讯新闻、今日头条、百度等平台首页前三等。《人民日报》、新华网、学习强国、光明网、中国日报网、中国三农等超过200家核心官媒报道。

【案例评析】

近年来，条漫作品成为新媒体时代中受欢迎的一种表现方式。其中，以新闻形式创作的条漫作品备受关注。《"种子选手"袁隆平》就是一部优秀的以新闻形式创作的条漫作品。

该作品生动地展现了袁隆平先生的人生经历和科技成就。通过漫画的形式,把袁隆平先生的事迹生动形象地展现在读者面前。同时,该作品也注重描绘细节,通过丰富的图文内容,让读者更深刻地理解和体会袁隆平先生为中国农业事业作出的杰出贡献。

除了具备视觉冲击力和故事性的优点,该作品的叙事方式也值得一提。它以小猫"花花"的视角来进行故事的呈现,借助新闻的客观性和真实性,使得读者了解袁隆平先生的事迹和贡献。此外,该作品也从报道角度切入,将袁隆平先生的人生经历和科技成果与国家发展战略联系起来,展示了科技成果对于国家和民族发展的重要性。

这部作品以条漫的形式创新地呈现了新闻内容,将科技成果和国家发展战略与人物故事紧密结合起来,让读者更深刻地感受到科技创新的重要性和袁隆平先生对于中国农业事业的巨大贡献。同时,它也为条漫作品在新闻领域的创新探索提供了借鉴和启示。

思考与讨论

1. 如何围绕新闻价值利用数据可视化手段,以更加生动、直观地展现新闻事件?
2. 如何通过互动性报道,让新闻报道更贴近受众,增强互动性和参与性,使受众更加积极地参与和分享新闻内容?
3. 如何增强新闻报道的感染力和表现力?

第三节　数据新闻:新媒体新闻价值的呈现

一、导语

新媒体新闻与传统媒体新闻相比,具有传播速度快、信息量大、互动性强等优点,更加适应现代人们快速获取信息和互动交流的需求,也为新闻传播带来了更多的可能性。新媒体新闻依托强大技术支持,在新闻的呈现手段和方式上发生了深刻变化,数据新闻和新媒体在新闻报道方面的结合,为新闻传播提供了更加多样和丰富的呈现方式。

数据新闻的特点是强调数据驱动和信息可视化,通过使用各种数据和图表等方式,直观地展现新闻事件的内涵和关联,使得复杂的数据信息更容易被理解和消化。而新媒体的特点则在于其传播渠道的多样性和互动性,可以通过社交媒体、微信公众号等渠道进行分发,让受众更加容易获取信息和参与互动。同时,新媒体也强调信息的即时性和时效性,能够在第一时间将新闻事件传达给受众。因此,将数据新闻和新媒体相结合,可以更加深入地呈现新闻事件的内涵和关联,同时也可以让受众更加方便地获取信息和参与讨论,从而提高新闻的传播效果和价值。数据新闻的新闻价值是多方面的,需要从数据来源、时效性、复杂性、影响力等多个角度进行评估。

二、重要概念

1. 数据新闻

数据新闻是指以大数据和数据挖掘技术为基础,利用数字化手段对新闻事件进行深度分析和挖掘,形成具有丰富图表、可视化效果、交互性和故事性的新闻报道形式。通过收集、整理、分析大量的数据,将数据转化为可视化的图表、地图、时间轴等形式,呈现出数据背后的故事,从而更加深入地挖掘新闻事件背后的关联和影响,提高新闻报道的深度和准确性。

新媒体数据新闻具有高度的互动性和可视化效果,可以帮助读者更加直观地了解新闻事件,也更容易引起读者的兴趣和关注。同时,新媒体数据新闻也具有高度的时效性和即时性,可以迅速反映和报道新闻事件的最新动态,满足读者对即时信息的需求。数据新闻的出现,使得新闻报道更具有丰富性和深度性,更能满足读者对高质量新闻的需求。

2. 数据新闻的价值特点

(1) 客观性和准确性

数据新闻基于真实数据和事实,可以提供更为客观和准确的信息,避免了传统新闻中可能存在的主观性和误导性。

数据新闻基于严格的数据收集和分析,避免了主观判断和偏见的介入,从而更加客观。此外,数据也提供了准确的事实依据,使得新闻报道可以更加准确地呈现事件的真实情况,避免了传统新闻中因为缺乏准确信息而可能存在的误导性。例如,一份基于数据分析的新闻报道可以提供数据的来源、采集方法和分析过程,这样读者可以通过对这些信息的了解,判断该报道的客观性和准确性。同时,数据也可以帮助新闻报道发现事件的规律和趋势,从而更加深入地分析事件本质,提供更为准确的信息。

(2) 可视化呈现

数据新闻通常通过可视化的方式呈现数据,使得数据更加直观、易于理解和比较,增强了读者的参与感,也提升了读者的阅读体验。

可视化呈现是数据新闻的一大特点,通过图表、地图、动画等形式将数据直观地展现出来,让读者更容易理解和比较数据。相比于传统文字描述,可视化呈现具有更好的吸引力和可读性,能够激发读者的兴趣并提升其参与度。例如,一篇数据新闻报道涉及经济数据,通过数据可视化的方式呈现,可以让读者更清晰地看到各项经济指标的走势和变化,进一步加深对经济形势的了解和认识。此外,可视化呈现也可以帮助读者更快地获取信息,提高阅读效率,同时也降低了理解和分析数据的难度。

(3) 深度分析

数据新闻不仅仅是数据的呈现,更重要的是对数据进行深度分析和挖掘,发掘数据背后的故事和趋势,为读者提供更深入的洞察和思考。例如,某些数据新闻可能会对一个特定的问题或现象进行全面分析,研究其根本原因、发展历程和未来走势,从而为读者提供更加丰富和深入的信息。这种深度分析和研究往往需要数据分析和挖掘的专业技能和方法,这也是数据新闻价值的一个方面。

(4) 实时性和更新性

数据新闻通常基于实时或更新的数据,具有较强的实时性和时效性,这意味着数据新闻可以反映当前的社会和经济现状的变化,更好地满足读者对时事新闻的需求。同时,数据新闻也可以随着数据的更新而更新,保持新闻内容的鲜活性。例如,一些新闻机构会通过分析各大社交媒体平台的数据,及时反映公众对热门事件的关注度和反应,从而提供实时的新闻报道。又比如股票市场的数据新闻。股票市场的数据是实时变化的,每一次变化都可能影响到投资者的决策。因此,许多新闻机构通过数据分析和可视化的方式,及时呈现股票市场的实时情况和趋势,以便投资者及时作出决策。这种数据新闻具有很强的实时性和更新性,可以为投资者提供最新的市场动态,增强其投资决策的准确性。

(5) 互动性和参与性

数据新闻的互动性和参与性是指读者可以通过数据可视化和交互操作参与到数据分析和讨论中,而不仅仅是被动接受信息。这种参与可以帮助读者更好地理解数据,同时也增加了他们对新闻报道的兴趣和关注度。

例如,一些数据新闻网站会提供数据可视化工具,让读者可以根据自己的兴趣和需求筛选数据,并生成相关的图表,这种互动性和个性化的体验可以让读者更好地理解数据,并从中获得更深入的洞察。

另外,一些数据新闻也会通过社交媒体平台等渠道与读者互动,例如征集读者意见和反馈,或者提供更多的数据分析和解读。这种互动和参与可以增强读者的信任和忠诚度,同时也帮助数据新闻媒体不断改进和创新。

三、案例导读

◇ 案例 5

数据新闻:《家务补偿:看见"隐形的劳动"》

来源:人民网

《家务补偿:看见"隐形"的劳动》是一篇典型的数据新闻作品,它巧妙地融合了数据分析、深度报道以及人文关怀,以全新的视角深入探讨了家庭劳动价值和家务劳动补偿的问题。

文章以个人的真实故事为载体,进一步生动地展现了人文关怀。通过申燕萍和她的母亲的故事,读者可以感受到家庭劳动者的辛苦和付出,使得这些看似冷冰的数据有了生命和情感,更加引人关注。作品准确而深入地利用数据来讲述故事。如引用了《2018年全国时间利用调查公报》的数据,让我们看到每个居民在家务上的时间投入,尤其是女性,其时间投入明显高于男性。数据的使用既增强了文章的说服力,也使得读者能够直观地了解到家务劳动的实际状况,对于家务劳动的价值有了更深的认识,提出了对待家庭劳动者应有的尊重与理解。总体来看,《家务补偿,看见"隐形"的劳动》在深度和广度上都充分体现了数据新闻的特点:以科学的数据支撑论点,又通过生动的故事情境,揭示了家庭劳动的价值,呈现了数据背后的人文关怀。

【案例评析】

2021年优秀数据新闻作品《家务补偿:看见"隐形的劳动"》,采用了多种数据呈现方式,包括数据可视化、表格和图片,突出了家务劳动的重要性以及女性在家庭中所承担的不可或缺的角色。同时,该数据新闻还对家务劳动的定义、计算方式等进行了详细的解释和分析,使得读者能够更好地理解数据的来源和含义。这篇数据新闻也充分考虑了读者的参与性和互动性,提供了家务劳动的计算器和调查问卷,让读者能够参与到数据分析和讨论中,增强了读者的参与感和阅读体验。数据新闻结合了丰富的数据呈现方式,具有较高的客观性和准确性,该作品深度分析了家务劳动的重要性和女性在家庭中的角色,同时也提高了读者的参与度和黏性,具备较高的新闻价值。

◇ 案例6

数据新闻:《老人与"海"——互联网浪潮下的银发一族》

来源:人民网

《老人与"海"——互联网浪潮下的银发一族》以最新统计数据为依据,深度分析中国当前面临的人口老龄化问题,以及随着互联网技术的飞速发展,老年人在这股数字化浪潮中的处境。

据国家统计局数据,截至2018年底,中国人口已达13.9538亿,其中60周岁及以上人口占17.9%,65周岁及以上人口占11.9%。早在1999年,中国就已经进入老龄化社会,而随着时间的推移,老年人口比例还在不断增加。

然而,正当人口老龄化问题日渐严峻的同时,中国的互联网普及率也在逐年激增,总数已达93984万。进入数字化、信息化的时代,互联网技术的飞速发展为社会带来的既有机遇又有挑战。对于老年人来说,他们面临着"双重考验"。

数据显示,虽然全国的互联网普及率高达67%,但60岁以上老年人的互联网普及率仅有10.3%,也就是说,近2亿的老年人正处在数字化世界的边缘,他们被形象地称为"互联网难民"。然而,另一部分老年人则积极适应时代变迁,他们奋起直追,积极成为"互联网移民"。

这份数据新闻围绕这两类老年人群展开深入的报道和分析,试图理解他们面临的困境,并探索如何帮助他们更好地适应互联网时代,从而顺利"启航"。

【案例评析】

《老人与"海"——互联网浪潮下的银发一族》是一篇探讨老年人在互联网时代的生活和需求的数据新闻报道,具有几个方面的优点和价值:首先,该报道通过大量的数据和案例,全面地展现了老年人在互联网时代的生活状态和需求,深入挖掘了这一人群的特点和问题。其次,报道采用了多种方式呈现数据和信息,包括数据可视化、案例剖析、专家访谈等形式,使得报道更加生动形象,易于理解。最后,该报道通过针对老年人的需求,提出了一系列建议和措施,对于改善老年人的互联网生活和推进数字化老年服务具有积极的促进作用。

这篇数据新闻通过充分的调研和分析,以全面的呈现方式,为我们展示了老年人在互联网时代的生活现状和问题,具有很高的价值和意义。从该案例作品中可以看出,数据新闻的新闻价值取决于数据的可靠性和来源。数据应该具有可靠的来源,并且应该经过仔细的验证和分析。数据的新鲜程度对于新闻价值也非常重要。在处理和把握数据的复杂性时,需要在一定程度上涉及数据分析和数据可视化。如果数据过于复杂,那么它可能不会吸引普通读者的兴趣。如果数据的结果能够对社会产生重大影响,那么这篇新闻的新闻价值就会更高。

以上两则数据新闻案例体现出新媒体可以通过数据分析等手段挖掘新闻价值,例如分析人口数据、家务劳动数据等,揭示隐藏在数据背后的新闻故事,为受众提供更加深入的新闻报道,使新闻价值的呈现更为多元化。这些新闻案例不仅展示了新媒体在新闻报道方面的优势和价值,也说明了新媒体新闻在不断探索新的报道形式和方式,以适应不断变化的新闻市场需求。

思考与讨论

1. 请简述上述两篇数据新闻呈现出的新闻价值。
2. 数据新闻和传统新闻相比较,数据新闻的优势体现在哪里?
3. 请策划一个数据新闻的选题,举例说明你将通过哪些方式来采集和呈现数据。

第四章 04

媒介融合背景下新媒体新闻创新案例

第一节　媒介融合：新闻领域的探索与发展

一、导语

媒体融合已成为中国新时代新闻话语变迁、技术革新、观念迭代和传播策略演进的关键词。它不仅是一种技术层面的转型，更是一种文化层面的变革。媒体融合旨在打破传统媒体的壁垒，使各种形式的媒体可以相互渗透和融合，实现信息的无缝传递和跨平台传播。随着移动互联网的兴起和数字技术的发展，媒体融合呈现出前所未有的速度和深度。

媒体融合不仅是一种技术手段，更是一种战略决策。我国政府在媒体融合方面投入了大量资源，旨在提高中国在国际舞台上的影响力和话语权。中国媒体融合的推进已成为以习近平同志为核心的党中央对百年未有之大变局下我国媒体转型创新的指引。

从实践角度来看，我国的媒体融合已经取得了一些显著成果。在新闻报道方面，媒体融合使得新闻短视频、多屏互动、直播连线、慢直播、动漫融合和跨屏叙事等具有开拓性的新闻叙事语态与报道形式得以出现，吸引了越来越多的年轻受众。在技术应用方面，移动优先、视听新媒体、内容为王等观念已经深入人心，成为业界共识。传统的"搬运挪移""硬核相加"已经向"新闻融合""文化相融"变迁，全媒体传播体系正在加速形成，这为新闻宣传力、舆论引导力、文化传播力和国际影响力的不断提升提供了重要的支持。

二、重要概念：媒介融合的政策背景

媒体融合发展是以习近平同志为核心的党中央为适应新时代舆论格局和传媒生态而作出的战略性部署和前瞻性规划，是马克思主义新闻观的重要实践。

2014年，中共中央办公厅、国务院办公厅印发了《关于推动传统媒体和新兴媒体融合发展的指导意见》，标志着中国媒体融合发展正式进入了国家层面的政策讨论阶段。

在2019年1月25日举行的第十二次中共中央政治局集体学习中，习近平总书记发表了重要讲话，深刻阐述了媒体融合的方向、目标和任务，并将其列入了党和国家事业发展的重要议事日程。这也是中国媒体融合发展历史上的一个里程碑，标志着媒体融合发展成为国家战略。

2020年9月,中共中央办公厅、国务院办公厅印发了《关于加快推进媒体深度融合发展的意见》。该文件从重要意义、目标任务、工作原则三个方面明确了媒体深度融合发展的总体要求,为进一步推动中国媒体融合发展提供了重要的指导和保障。

以上政策背景充分表明了中国媒体融合发展已经成为国家层面的重要战略,是中国适应新时代舆论格局和传媒生态的必然选择,也是马克思主义新闻观的重要实践。

三、案例导读

◇ 案例1

中共中央办公厅 国务院办公厅印发《关于加快推进媒体深度融合发展的意见》

来源:新华社,2020-09-26

新华社北京9月26日电 近日,中共中央办公厅、国务院办公厅印发了《关于加快推进媒体深度融合发展的意见》(简称《意见》),并发出通知,要求各地各部门结合实际认真贯彻落实。

《意见》从重要意义、目标任务、工作原则三个方面明确了媒体深度融合发展的总体要求,要求深刻认识全媒体时代推进这项工作的重要性紧迫性,坚持正能量是总要求、管得住是硬道理、用得好是真本事,坚持正确方向,坚持一体发展,坚持移动优先,坚持科学布局,坚持改革创新,推动传统媒体和新兴媒体在体制机制、政策措施、流程管理、人才技术等方面加快融合步伐,尽快建成一批具有强大影响力和竞争力的新型主流媒体,逐步构建网上网下一体、内宣外宣联动的主流舆论格局,建立以内容建设为根本、先进技术为支撑、创新管理为保障的全媒体传播体系。

《意见》指出,要推动主力军全面挺进主战场,以互联网思维优化资源配置,把更多优质内容、先进技术、专业人才、项目资金向互联网主阵地汇集、向移动端倾斜,让分散在网下的力量尽快进军网上、深入网上,做大做强网络平台,占领新兴传播阵地。

《意见》指出,要走好全媒体时代群众路线,坚持以人民为中心的工作导向,坚持贴近群众服务群众,创新实践党的群众路线,大兴"开门办报"之风,把党的优良传统和新技术新手段结合起来,强化媒体与受众的连接,以开放平台吸引广大用户参与信息生产传播,生产群众更喜爱的内容,建构群众离不开的渠道。

《意见》指出,要以先进技术引领驱动融合发展,用好5G、大数据、云计算、物联网、区块链、人工智能等信息技术革命成果,加强新技术在新闻传播领域的前瞻性研究和应用,推动关键核心技术自主创新。要推进内容生产供给侧结构性改革,更加注重网络内容建设,始终保持内容定力,专注内容质量,扩大优质内容产能,创新内容表现形式,提升内容传播效果。要深化主流媒体体制机制改革,建立适应全媒体生产传播的一体化组织架构,构建新型采编流程,形成集约高效的内容生产体系和传播链条。要发挥市场机制作用,增强主流媒体的市场竞争意识和能力,探索建立"新闻+政务服务商务"的运营模式,创新媒体投融资政策,增强自我造血机能。

《意见》指出,要按照资源集约、结构合理、差异发展、协同高效的原则,完善中央媒体、省级媒体、市级媒体和县级融媒体中心四级融合发展布局。努力打造全媒体对外传播格局,讲好中国故事,传播中华文化。

《意见》强调,要大力培养全媒体人才,实行更加积极、开放、有效的人才引进政策,提高主流媒体人才吸引力和竞争力。要优化人才队伍结构,把更多熟悉新媒体的中青年优秀人才充实到关键岗位,充分释放人才活力。

《意见》强调,各级党委和政府要强化资金保障,加强政策支持,形成政策保障体系,支持媒体深度融合发展。要强化党的领导,把推进媒体深度融合发展作为本地区本部门本单位落实意识形态工作责任制的重要内容。要加强评估考核,加强督促检查,推动媒体深度融合发展各项任务落到实处。

【案例评析】

这段材料充分阐述了媒体融合发展的重要性和必要性,以及相关政策的背景和推进情况,具有很高的信息价值。媒体融合发展是党和国家事业发展的重要战略部署和前瞻性规划,是适应新时代舆论格局和传媒生态的必然要求。中共中央高度重视媒体融合发展,制定了一系列政策文件和指导意见,明确了媒体融合发展的方向、目标和任务,为深入推进媒体融合发展提供了重要遵循和动力。可以说,这段材料展示了中国政府对媒体融合发展的高度重视和积极推进态势,对于推动中国媒体事业的健康发展和提升国际话语权具有重要意义。

思考与讨论

1. 请思考为什么国家层面重视媒体融合,促进媒体融合有什么现实意义。
2. 请总结我国媒体融合发展所处的阶段以及典型成果。
3. 国家、媒体和个人怎样才能更好地促进媒体深度融合发展?

第二节　融媒体新闻:传统与创新的结合

一、导语

新媒体是以网络、移动通信和数字技术为支撑的新兴媒体,包括网站、微博、微信、移动客户端等。新媒体新闻的兴起极大地改变了传统媒体新闻的发展模式和用户获取信息的方式,使得新闻生产和传播更加多元化和便捷化。融媒体新闻在新媒体新闻的基础上,利用现有传统媒体的资源和优势,实现了不同媒体的融合,形成了更加丰富和全面的报道形式。因此,可以说新媒体新闻是融媒体新闻的基础和支撑,而融媒体新闻则是新媒体新闻发展的必然趋势和深化发展的方向。同时,融媒体新闻的发展也对新媒体新闻提出了更高的要求,要求新媒体新闻更加注重内容的专业性和深度,提高新闻生产和传播的质量,以满足读者日益增长的需求。

融媒体新闻是在媒体融合发展背景下逐步发展起来的。随着信息技术的发展和传媒业态的变革,传统媒体面临着前所未有的挑战和机遇。为了适应新的发展环境,中国媒体在传统媒体和新兴媒体之间形成了互补、融合的态势,媒体融合成为新时代的发展趋势。在此背景下,融媒体新闻应运而生。

融媒体新闻是指在多媒体技术的支持下,利用多种传播手段进行新闻报道和传播。融媒体新闻以内容为核心,采用多种表现形式,如文字、图片、音频、视频等,为受众提供多元化的信息服务。同时,融媒体新闻也注重与受众互动,通过社交媒体等平台与用户进行双向交流,以增强传播效果,提升用户体验。融媒体新闻实现了信息的全方位传播和深度解读,大大提升了信息传播的效率和质量。

融媒体新闻的发展得到了政策的支持和推动。随着融媒体新闻的发展,我国传媒产业呈现出多元化、融合化的发展趋势。融媒体新闻的发展促进了媒体产业的融合和创新。传统媒体和新兴媒体的融合,推动了媒体业务的拓展和更新。传统媒体通过融合新兴媒体,拓展了新的报道渠道和传播途径,提高了传播效率和覆盖面;新兴媒体通过融合传统媒体,拓展了内容资源和品牌影响力,提高了内容质量和专业性。

融媒体新闻的发展是中国新闻事业的重要里程碑,它推动了媒体形态的变革、产业的融合和技术的升级,为媒体更好地服务于受众、服务于国家发展提供了新的路径。

二、重要概念

1. 融媒体新闻的产生和发展

融媒体新闻是指采用多种媒介形式,在一个平台上进行集成、整合和发布的新闻形式,是传统新闻和新媒体的有机融合。融媒体新闻的产生和发展可以追溯到21世纪初期,随着互联网的快速发展,新闻的传播方式、用户需求以及新闻的生产方式都发生了巨大的变化。同时,传统媒体面临着新媒体的冲击,为了适应这一趋势,媒体开始探索多媒体融合的发展模式。

融媒体新闻的产生与传统媒体的深度转型有关。传统媒体在数字化转型过程中,逐渐意识到单一的媒体形式已经不能满足用户的需求。在此背景下,媒体开始探索多媒体融合的发展模式,使得新闻内容能够在不同的媒介形式中进行传播。

融媒体新闻的产生也与新技术的发展应用有关。随着移动互联网、云计算、大数据等新技术的不断发展，人们获取信息的方式也在不断变化。新技术的应用，让传统媒体有了更多的可能性，也使得新闻内容的呈现形式更加多样化。

融媒体新闻的产生还与用户需求的变化有关。传统的新闻报道存在一定的局限性，而融媒体新闻以其丰富的内容形式和交互性，能够更好地满足用户的需求，让用户参与到新闻报道中来，从而提高新闻的传播效果和用户的参与度。

随着融媒体新闻的发展，越来越多的传统媒体和新媒体开始向融媒体转型。融媒体新闻的优势在于不同媒体之间的协同，能够充分挖掘新闻价值，提高传播效果和用户体验，同时也能够实现媒体的转型升级。

2. 融媒体新闻的特点

融媒体新闻是传统媒体新闻和新兴媒体新闻深度融合的产物，其特点在于它能够将传统媒体和新兴媒体的优势相互结合，为受众提供多样化、个性化、即时化的新闻服务，进一步满足了受众的需求，推动了传统媒体和新兴媒体的发展。

融媒体新闻具有以下几个特点：

(1) 多元化的形式和媒介

融媒体新闻采用多种形式和媒介进行传播，例如文字、图片、音频、视频、直播等。这些媒介形式的结合使得新闻报道更加生动、直观，能够更好地满足受众的多样化需求。

(2) 跨平台传播

融媒体新闻的报道可以在多个平台上进行传播，包括电视、报纸、杂志、网站、微博、微信等。这使得新闻报道的覆盖面更广，受众的接触面也更加广泛。

(3) 即时性和互动性

融媒体新闻通过新技术的运用，使得新闻报道具有即时性和互动性。通过直播、微博、微信等新媒体工具，新闻现场情况可以实时传递，受众也可以即时获取新闻信息，并进行互动和评论。

(4) 个性化服务

融媒体新闻通过大数据和人工智能等技术，可以对受众进行精准分析和识别，并根据受众的需求和喜好进行个性化定制，通过数据分析和个性化推荐算法，向受众推荐其最感兴趣的新闻内容，即为受众提供个性化的新闻服务，以满足受众多元化的需求，提高受众的阅读体验。

(5) 品牌价值提升

融媒体新闻的产生和发展，推动了传统媒体和新兴媒体的相互融合，促进了媒体之间的合作和互利共赢。通过品牌联合报道和推广，传统媒体和新兴媒体可以共同提升品牌的价值和影响力。

三、案例导读

◇ **案例 2**
第 32 届中国新闻奖获奖作品　融合报道一等奖《2021,送你一张船票》

来源：中国记者网,2021-01-02

　　《2021,送你一张船票》是新华社 2021 年首个"爆款"产品,也是央媒首个庆祝建党百年融媒体报道,全网浏览量超过 5 亿次。

　　创新以船票带入百年征程。以南湖红船为线索,将文字、国潮插画、闯关游戏、音乐、音频文献融合到 H5 之中,让网民领取船票,置身于中国共产党的领导下,中华民族走出黑暗、走向复兴的百年征程中,感受百年来翻天覆地的巨大变化。

　　精准传播实现"同频共振"。基于移动优先和精准传播理念,依据出生年份显示网民和历史事件关联,实现党史教育和个人命运讲述的交融。产品强调互动参与,用户通过答题闯关,可以"发射"神舟,还可挑选背景生成配有自己头像和唯一序号的建党百年纪念海报,拓展社交空间形成裂变传播。

　　多维发力构建传播矩阵。通过海报、互动 H5、手绘长图、微博互动话题、专版文章、"百年红色之旅"抽奖等多种形态同步上线,实现精准化、差异化、分众化传播,线上与线下联动为用户奉上了一堂生动鲜活的"微党课"。

　　此外,产品在技术上首次突破了 H5 适配瓶颈,通过游戏级开发,实现在移动端小屏和 PC 端大屏、主流平台、主流浏览器播放的全适配。"看不见的细节"极大助推了传播,在业界融媒体报道中具有很强的示范意义。

【案例评析】

　　《2021,送你一张船票》成为建党百年报道中"破圈刷屏"的现象级作品,产品总浏览量超过 5 亿次,"转评赞"117 万次,H5 用户平均停留时长 6 分 39 秒,H5"完播率"达到 98.34%,8500 多万个独立设备生成分享海报。报道自 2021 年 1 月 2 日发布,形成了多轮传播高潮,报道传播周期长达 6 个月。报道一经上线即在"学习强国"首页突出展示,相关话题登上微博热搜榜,全国十万多所中小学将其作为"开学第一课",作品还被大量转发到家庭微信群里。很多网民还专门制作思维导图、视频版本进行"二创"再发布。网民纷纷留言,"新华社这个绝佳创意,既大气磅礴又精致有趣""这张船票不仅有新鲜的体验,更承载着满满的感动"。

　　作品以南湖红船为线索,综合运用手绘 H5、游戏、音视频等形式,再现了中国共产党波澜壮阔的百年历程,实现了重大主题和创新表达的统一。作品在精准表达主题的同时,注重用户互动参与,通过答题闯关生成专属纪念海报,形成裂变传播,是一件优秀的融合报道作品。

◆ 案例 3

第 32 届中国新闻奖获奖作品　融合报道一等奖《复兴大道 100 号》

来源：人民日报社，2021-11-19

《复兴大道 100 号》是第 32 届中国新闻奖融合报道一等奖的获奖作品之一，该作品由人民日报社多媒体中心、新华社新媒体中心、央视新闻和上海市委宣传部新闻办联合推出。作品融合了文字、画面、声音、动画、AI 交互等多项网络信息技术，创造沉浸式体验。线下以丰富多元的场景与细节记录百年征程。长图在手机端长 50 余屏，覆盖 300 多个历史事件和场景，包括 5000 多个人物、400 余座建筑。整部作品制作周期逾 100 天，最终成稿以一条路串起百年时间线，并实现长图 H5、SVG 交互、线下互动体验馆等多元形式呈现。长图 H5 体现出高度纪实风格，大到历史事件，小到墙体上的标语、字体，以及不同时代人物的着装都有据可查。在场景选择上，既有大事件，也有接地气的生活场景，唤醒用户记忆，在情感共鸣中达成价值共识。

【案例评析】

《复兴大道 100 号》是一篇具有创新性和代表性的报道作品，以具有代表意义的历史事件和场景为基础，通过纪实长图 H5、动图、AI 交互等新技术手段，立体呈现了中国共产党百年征程。

从作品在线表现方面来看，其浏览量、点赞量和话题阅读量都十分惊人。长图 H5 仅在人民日报新媒体渠道的浏览量就超过 1.2 亿，点赞量超过 290 万，微博话题阅读量接近 3.5 亿，在全网首页首屏转载。围绕"复兴大道 100 号"主题的相关内容在全网点击阅读量超过 10 亿。这说明该作品在传播中获得了广泛的认可和关注，不仅成功地吸引了大量观众，还取得了很好的传播效果。

同时，作品的互动性和多维感官体验也是其成功的关键之一。团队成员对线上表现追求互动性，进行多维感官体验的前置设计。对动态化细节做好多帧绘制处理，嵌入丰富声效，着重打磨 H5 中的 AI 交互技术应用，优化用户体验。这些技术手段不仅使观众能够深入了解作品所呈现的历史事件和场景，更能够与作品产生情感共鸣，从而提高了作品的参与度和可持续性。

同时，该作品的互动性和多维感官体验也是其受欢迎的重要原因之一。创作团队在前期设计时就考虑了互动体验馆和线上云展馆等多种场景，以更好地让观众参与其中，增加互动性和可玩性。在互动体验馆中，观众不仅可以观看展品，还可以参与到"音乐党史课"等多项活动中，现场参与人数超过 3 万人。而线上云展馆则让观众可以在家中就能参观展览，增加了作品的覆盖面和可触及性。这些极具互动性和可玩性的设计也让年轻用户更容易被吸引，从而提高了作品的传播效果和影响力。

除了互动性和多维感官体验，作品也在创意模式和落地方式上进行了创新。作品通过实现品牌 IP 化，将《复兴大道 100 号》打造成一个具有代表性的品牌，并在北京、广西和浙江等地建立了体验馆分馆，推出了线上云展馆等多种场景。这些落地方式的探索让作品能够在不同的传播环境中向受众展示,实现了跨平台、跨场景、多维传播矩阵的构建。通过创新传播,以及作品在全国多元化的落地方式,取得了更广泛的传播效果和更大的影响力。

总之,作品《复兴大道100号》的成功在于其多个方面的创新,包括主题选择、技术手段、互动性和多维感官体验、创意模式和落地方式等。作品通过实现品牌IP化和创意模式输出,创造性地打造实景展览,让观众更好地了解中国共产党百年征程。同时,作品也在多种场景中实现全链全域传播,让作品具有更广泛的传播效果和更大的影响力。作品获得2021年中国正能量"五个一百"网络精品奖,表明其在传播领域获得了广泛认可和好评。

思考与讨论

1. 为什么《2021,送你一张船票》能够成为建党百年报道中"破圈刷屏"的现象级作品?有哪些因素促成了它的成功?

2. 这两个作品的成功经验对于新闻专业的学生有哪些启示?我们该如何将这些经验运用到自己的报道中去?

3. 请结合以上两个作品具体分析它们采用了哪些网络信息技术,又是如何创造沉浸式体验的。

第三节 H5新闻:传播领域的新生力量

一、导语

H5新闻是一种基于HTML5技术的新闻表现形式,具有多样化的视觉和交互效果。相比传统的纸媒、电视和网络新闻等形式,它更具活力和互动性,因此被认为是新媒体新闻的表现形式之一。

H5新闻具有良好的可视化呈现特性。以往传统的新闻报道多以文字、图片、视频等形式呈现,而H5新闻则通过其多媒体特性,将信息通过图表、动画、音频等更加生动直观的形式展现,增强了信息的可视化呈现效果,更具有吸引力和说服力。这为那些对数字化内容理解不够深入或对阅读体验有更高要求的用户,提供了更加友好的阅读方式,同时也使内容的表达和传达更加准确和直观。

和传统新闻相比,H5新闻的交互性更强,让读者更容易参与其中。H5新闻通过多种形式如滚动、弹窗、互动等,增强了读者的互动性和参与感。同时,这种互动性也可以让新闻更加贴近读者的生活、兴趣和需求,从而更好地满足读者的阅读体验。

相对于传统的新闻报道和平面设计,制作 H5 新闻所需的技术门槛较低,许多专业的工具和软件也可以免费使用,这让更多的人可以参与到新闻制作的过程中来。同时,由于 H5 新闻的传播方式更多样,包括社交媒体、短信推送、微信公众号、网站推广等,更加容易实现新闻内容的多平台传播,可以帮助新闻内容更快速地传播开来。

目前,随着数字技术的不断进步和新闻传播形式的不断创新,H5 新闻已经成为新闻传播领域的一种创新新生力量。它以其可视化呈现、交互性强、制作和传播便捷的特点,不断丰富着人们的新闻阅读体验,也为新闻传播的未来发展提供了更加广阔的空间。

二、重要概念

1. H5 新闻的产生和发展

H5 新闻是指基于 HTML5 技术开发的一种新闻表现形式,是一种全新的媒介融合形态。它可以通过多媒体、动画、交互等方式,让受众更加生动、直观、多元地了解新闻内容。

H5 新闻的产生离不开移动互联网的发展。随着智能手机和平板电脑的普及,人们越来越倾向于通过移动设备获取新闻信息,这也促进了新闻表现形式的创新。而 HTML5 技术的出现,使得新闻媒体可以在移动设备上实现多样化的呈现方式,从而产生了 H5 新闻这种新型媒体形态。

H5 新闻的发展得益于新闻机构对于新媒体发展的重视。为了适应媒介融合的趋势,传统媒体开始尝试在新媒体上推出 H5 新闻产品。这些 H5 新闻产品不仅拥有传统新闻形式的优点,同时也融入了新媒体的优势,比如更多元化的表现形式、更强的互动性等。

同时,H5 新闻的发展也得益于社交媒体的兴起。社交媒体平台成为人们获取新闻信息的重要渠道之一,而 H5 新闻作为一种新型的表现形式,更容易在社交媒体上引起受众的关注和分享,进而推广和传播。

总的来说,H5 新闻的产生和发展离不开移动互联网的发展、新闻机构的创新尝试以及社交媒体的流行。它以其新颖的表现形式和更强的互动性吸引了越来越多的受众,中国的 H5 新闻作品不仅具有丰富多彩的形式和表现方式,还具有强大的内容表达能力和互动性,能够更好地满足读者的需求,提高读者的阅读体验。它们是中国新闻创新的新生力量,也是未来新闻发展的重要方向之一。

2. H5 新闻的特点

(1) 视觉表现力强

H5 新闻可以运用丰富的视觉元素,如图片、视频、动画、交互等,来表现新闻内容。与传统纯文本报道相比,H5 新闻更能够吸引用户的注意力,形成强烈的视觉冲击。

(2) 交互性强

H5 新闻具有强大的交互功能,用户可以通过滑动、点击、拖拽等操作,自由探索新闻内容,增强了用户的参与感和体验感。同时,交互性也能够让新闻内容更加深入人心,提升用户对新闻的记忆度。

(3) 多媒体元素丰富

H5 新闻不仅可以使用图片和视频,还可以通过音频、动画、互动等多种媒体元素来表现新闻内容。这种多媒体元素的运用,不仅可以丰富新闻内容的表现形式,也能让新闻内容更加深入人心。

(4) 信息层次丰富

H5 新闻可以将不同层次的信息通过不同的排版、色彩、字体等方式进行呈现。这种丰富的信息层次可以让用户更加清晰地了解新闻事件的发展过程和背景知识。

(5) 可视化程度高

H5 新闻通过图表、地图等可视化手段,将数据和信息进行可视化展示,让用户更加直观地了解新闻事件的发展过程和背景知识。这种可视化程度的提高,可以让用户更加深入地了解新闻内容,提高新闻报道的可读性和可信度。

综上所述,H5 新闻作为一种新型的新闻报道形式,具有视觉表现力强、交互性强、多媒体元素丰富、信息层次丰富、可视化程度高等创作特点。H5 新闻的出现,不仅扩大了新闻报道的表现形式,也促进了新闻内容的传播和用户的参与。

三、案例导读

◇ **案例 4**

第 32 届中国新闻奖获奖作品　融合报道一等奖《微视频|为谁辛苦为谁忙》

来源:中央广播电视总台,2021-12-20

央视新闻在 2021 年末推出时政融合创新《微视频|为谁辛苦为谁忙》,回顾梳理习近平总书记这一年的考察足迹。该视频创新时政语态,以情感为内核,整合鲜活的时政现场画面,融合混剪、MV 等多种短视频元素,全景化呈现习近平总书记浓浓的人民情怀。通过 1 条视频,梳理总书记 1 年足迹;以 1 年足迹,汇 10 年牵挂;以 10 年牵挂,见百年初心……正如总书记所说:"我们是人民的勤务员,这句话不是一个口号,我们就是给老百姓做事的。"在即将迈入 2022 年向第二个百年奋斗目标进军的关键节点,《微视频|为谁辛苦为谁忙》寓情于理回答了"时代之问":我们为什么能够成功,怎样才能继续成功?——"一切为了人民!"

《微视频|为谁辛苦为谁忙》2021 年 12 月 20 日在央视新闻新媒体全平台推送之后,得到了多家媒体的积极转发和推荐,同时在多个社交平台上掀起了热议和转发热潮。这些反应都表明了该微视频在传播方面的巨大成功。该微视频在全网播放量超

4000万次,相关话题阅读量超2亿次。

【案例评析】

央视新闻推出的《微视频|为谁辛苦为谁忙》是一部创新性的时政短视频,它突破了传统时政报道的桎梏,充分发挥了短视频的传播特点,以情感为内核,使时政短视频更加柔软,有更多的亲切感,形成穿透效应,成就了融合传播。同时,该视频具有碎片化传播的特点,可以快速、简洁地传递时政新闻,适应了现代人快节奏的生活方式。此外,该视频还充分利用了互联网传播的特点,通过社交媒体等渠道进行推广,吸引了大量观众的关注和参与,形成了良好的传播效果。

该微视频的制作十分讲究画面效果,通过多种短视频元素,如混剪、MV等,使时政新闻更具有视觉冲击力和吸引力,让观众更容易接受和理解复杂的时政信息。同时,该视频通过整合鲜活的时政现场画面,全景式地呈现了习近平总书记的人民情怀,让观众感受到时政新闻的亲切感和感染力。这种以情感为内核的创新制作手法成功地回答了"时代之问",即为什么能够成功,怎样才能继续成功。该微视频得到了多家媒体的积极转发和推荐,在多个社交平台上掀起了热议和转发热潮。这些反应都表明了该微视频在传播方面的巨大成功。其成功的原因在于其创新的媒介手法,即将短视频的碎片化传播和情绪传播手法带到时政视频的话语体系中,从而让时政短视频更加柔软,形成了穿透效应,成就了融合传播。另一方面,该微视频在制作上讲究画面效果,通过一个个经典画面的回顾和一个个温暖瞬间的穿插,感动了万千网民。

作品的社会效益可以从以下几个方面来总结:

其一,塑造了正面形象。通过对习近平总书记的思想和政策进行再加工再传播,展现了总书记对人民的忠诚和热爱、为人民的幸福和发展奋斗终身的坚定信念,传递出一种积极向上的力量和正能量。这对于增强人民对中国共产党和政府的信任和支持具有重要的意义。

其二,推动了时政新闻的传播。作品通过创新的媒介手法,即将短视频的碎片化传播和情绪传播手法带到时政视频的话语体系中,让时政短视频更加柔软、有更多的细腻生动和亲切感,形成了穿透效应,成就了融合传播。通过社交媒体等渠道进行推广,吸引了大量观众的关注和参与,使时政新闻更加易于被大众接受和理解,推动了时政新闻的传播。

其三,提高了人民的政治素质。作品通过对习近平总书记的治国理念和实践成果进行宣传,帮助大家从新的角度学习体会他的思想和追求,更加深入地理解中国共产党的初心和使命。这对于提高人民的政治素质、增强人民对中国共产党和政府的认同感和归属感具有重要的意义。

其四,传递了积极的社会价值观。作品传递出了一种积极向上的力量,弘扬了中华民族优良传统文化,宣传了社会主义核心价值观,倡导了良好的道德风尚,传递了积极的社会价值观。这对于推动社会文明进步,促进社会和谐稳定具有重要的意义。

可见,通过创新的媒介手法和传播方式,作品成功地将短视频元素与时政新闻相结合,推动了时政新闻的传播,提高了人民的政治素质,传递了积极的社会价值观,对于推动中国社会的发展和进步具有重要的意义。

案例5
第32届中国新闻奖获奖作品 融合报道二等奖《H5|手机里的小康生活》
来源:湖南日报社

故事主人公朱小红是习近平总书记亲口讲述的"半条被子"故事主人公徐解秀老人的孙子,他曾经是建档立卡的贫困户,如今实现了"小康"生活,这使他成为一位具有鲜明时代烙印的新闻人物。选择他来讲述千万老百姓的"小康"生活,具有足够的代表性和典型性。该作品让朱小红以用户和采访对象的双重身份,深度参与内容生产,产品素材绝大部分来源于用户本人的手机原始素材,是该作品的最大亮点和创新点。在这些用户自己生产的素材基础之上,创作团队对其进行了深度"处理"和"加工",目的是还原其最原始的生活面目,这些最真实、有温度、有触感的素材,最终得以从多个维度来描画一个平凡又不普通的老百姓的"小康"生活。除此之外,创作团队用"手机"作为与用户互动的虚拟载体,作品模拟手机形态来呈现朱小红的"小康"生活。设计了"微信""地图""相册""相机""支付宝"等8个最常见的App图标,通过朱小红的生活视角,嵌入相关联的6个短视频,并融入了大量的互联网元素,如直播页面、微信视频聊天、朋友圈留言等,以此让用户产生高度的代入感、共情感与亲切感。作品发布后,连续3天在新湖南客户端首屏重要位置突出呈现,在朋友圈中被广泛转载,阅读量达1200多万。

【案例评析】

作品内容新颖丰富,形式创新且具有时代特色和气息,尤其是其生产创作理念和过程的独创性,给业界带来了广泛启示。该作品以小见大,寓教于乐,既让受众得到了良好的娱乐体验,又在故事中传递了深刻的社会意义,具有很高的社会效益和艺术价值。

故事主人公朱小红成为作品的共同制作者和参与者,也让该作品区别于以往的同类作品,在素材的使用上更加朴素和原始。为今后融媒体产品制作提供了不一样的启示,为我们用最大的努力记录真实,而不是二度"创作",开辟了新的思路和途径。用小人物的故事记录和讲述时代变迁,是新闻传播永恒的主题。大时代,大主题,小切口,是业界内普遍对该作品的评价。作品真实度高,互动性强,趣味性浓,做到了以小见大,把"小康生活""乡村振兴"这样的宏大叙事讲得"有意思",把重大主题讲得"更生动",最终让用户从朱小红一家幸福生活的剪影里,得以窥见沙洲村全面小康、乡村振兴的壮丽全景。

作品以"半条被子"故事主人公徐解秀之孙朱小红为第一视角出发,巧妙地将故事融入"手机应用"中,让受众真切感受到"吃穿不愁、人居环境优美、乡村振兴如火如荼、民族团结繁荣发展"的小康图景。作品内容鲜活生动、细节丰富、感情饱满、制作精良、互动体验流畅,给业界带来了广泛启示,为今后融媒体产品制作提供发展和创新的启示。

◇ **案例6**

第32届中国新闻奖获奖作品　融合报道二等奖
融媒体互动长卷《最后,他说——英雄党员的生命留言》

作品选取建党百年历史中牺牲的党员英雄人物,倾听他们生命中感人肺腑的"最后一句话"。该作品将文字、手绘、照片局部动画、视频、声音故事、音乐、音效、SVG互动游戏、H5动画、划屏长卷等多种形式有机融合,用户通过手指或鼠标轻击、长按、划动、拖拽,就能"穿越"时间与空间来到英烈身边。作品阅读体验良好,在广大网友尤其是青年受众中引起热议。面对重大主题,主创人员决定找小切口,追求细致与真实,讲真故事,动真感情。在制作过程中,责任编辑阅读了上百位人物的事迹,选择出代表不同时代、不同身份、不同大众熟悉度的六位,在查阅大量历史资料基础上创作出真实感人的脚本。最终,该作品避免了一般长卷作品易让受众产生疲劳感的现象,实现了用户在视觉、听觉、触觉上全方位的沉浸体验。该作品在全平台浏览数据超过1000万,被多家媒体转发,尤其是在社交媒体平台播放量、转发量大,评论数量多,实现了重大主题的有效传播。

【案例评析】

这篇作品以建党百年历史上牺牲的党员英雄人物为主题,展现了他们生命中感人肺腑的"最后一句话"。作品采用了多种形式的有机融合,如文字、手绘、照片局部动画、视频、声音故事、音乐、音效、SVG互动游戏、H5动画和划屏长卷等,使得用户能够通过手指或鼠标轻击、长按、划动、拖拽等操作,"穿越"时间与空间,体验英烈们的故事。

为了表现真实感人的故事,制作团队在制作过程中阅读了上百位人物事迹,选择出代表不同时代、不同身份、不同大众熟悉度的六位,创作出真实感人的脚本。同时,创作团队将融合创新和互联网特色落在实处,综合手绘、照片局部动画、音视频等来推动情节,旁白、同期声和声音"小剧场"颇具声音感染力,设计出合理又有趣味性的交互动作,用gasp.js制作补间动画,用canvas使暴雨等场景更流畅,H5动画和filter滤镜使页面更生动。

这篇作品不仅避免了一般长卷作品易让受众产生疲劳感的现象,而且实现了用户在视觉、听觉、触觉上的全方位的沉浸体验。该作品在全平台浏览数据超过1000万,被多家媒体转发,尤其是在社交媒体平台播放量、转发量大,评论数量多,实现了重大主题的有效传播,凝聚了传承不息的精神力量,引起了广大网友尤其是青年受众的热议。

新媒体新闻典型案例评析

思考与讨论

1. 请阐述上述案例让你印象深刻的创意点。
2. 请思考该创意形式比较适合的新闻选题类型。
3. 请自选一个新闻选题,模仿该创意点完成新媒体融合报道策划案。

第五章 05

主流媒体网络新闻评论典型案例

第一节　新媒体时代新闻评论的价值引领

一、导语

新媒体平台的出现，使得评论者能够快速地将自己的评论分享给更多的人，以更加快速、更加自由的方式表达自己的观点和看法。同时，网络新闻也可以通过新媒体新闻评论的宣传和推广，增加新闻的曝光度和传播效果，使得新闻事件能够更加深入地被社会各界了解。另一方面，网络新闻也为新媒体新闻评论提供了丰富的素材和基础。网络新闻的传播速度为新媒体新闻评论提供了更多的话题和角度，同时，网络新闻的多元化和全面性，也为新媒体新闻评论提供了更广阔的空间和平台。新媒体新闻和网络新闻的关联非常紧密，两者相互依存、相互补充，共同构成了互联网时代的新闻传播格局。

在新媒体时代，随着自媒体的兴起，新闻评论的作用愈发重要。中国互联网络信息中心发布的第51次《中国互联网络发展状况统计报告》显示，截至2022年底，我国网民规模已达10.67亿。其中手机网民规模为10.65亿，网民中使用手机上网的比例为99.8%。在"人人都是自媒体，人人都有麦克风，人人都是新闻发言人"的自媒体时代，人人都有表达自己观点的途径。微博、微信、社交软件、百家号、头条号、公众号等等，各种自媒体平台，让每位网民快捷拥有表达观点的话语权，可以随时随地发表自己的所见所闻所感。网民可以采取视频、图表、Flash，甚至是一个表情、一个符号、一句话等多种方式来表达自己的观点，使得受众在阅读与分析社会热点事件与问题时更加直观，偶发性、碎片化、个性化特点突出。网民可以在阅读新闻的同时，表达自己的看法和思考，分享自己的观点和经验，对新闻事件进行深入探讨和分析，让新闻更加多元化和丰富化。

然而，在网络空前拓展了话语表达空间，让网民享受更多自由的同时，由于可匿名发表和缺乏自律，有些人在评论中恶意攻击他人，肆意造谣，甚至出现了网络暴力的现象，这对于社会的稳定和谐产生了一定的负面影响。因此，在新媒体时代，新闻评论的价值引领不仅体现在自由言论的表达方面，更加需要注重公民网络素质的提高和责任的担当。只有通过不断完善新闻评论的机制和规范，才能更好地发挥新闻评论的价值作用。

在社会多元化和意见多元化的时代背景下，以《人民日报》、新华社、中央广播电视总台等为代表的主流媒体通过深度融合新媒体、持续创新和不断提高自身的新闻评论水平，通过抢占舆论制高点、主动设置议题、善于发声等方式，充分发挥网络新闻评论的作用，对新闻事件和社会问题进行深入分析和评论，引导舆论，为提高新闻舆论的传播力、引导力、影响力、公信力，树立了良好的榜样。这些优秀的新闻评论作品背后，彰显着主流媒体的社会责任，值得我们学习和探究。

二、重要概念

1. 新闻评论

新闻评论是针对新闻事件或紧急问题进行讨论的一种独特社会力量。它主要以传递表达意见性信息为目的，是现实传播的一种形式。社论、评论、评论员文章、短评、编者按、专栏评论、评述等等都属于新闻评论的范畴。新闻评论注重立足当前，面向最广大受众，通过对典型事件和具体问题的分析来明确立场、观点和态度。它的特点是实事求是，析事明理，强调直接阐明观点。

新闻评论在传媒领域的地位十分重要。它不仅是传递新闻事件信息的手段，也是公众发表观点、交流意见的平台。新闻评论通过对新闻事件的评价、分析和讨论，帮助公众更好地了解事情的来龙去脉，同时也可以通过不同的角度、立场和观点，启发公众对于事件的思考和认识。

在新闻媒体中，新闻评论常常由专业评论员或社论小组撰写，以保证评论内容的客观性和准确性。同时，新闻媒体也会开放评论栏目，让公众参与新闻事件的讨论和评价。在新媒体平台上，公众可以通过转发、点赞和评论等方式来表达自己的观点和看法。

新闻评论的作用不仅仅是提供信息和观点，它也是媒体与公众之间的桥梁和纽带。同时，新闻评论也可以对新闻报道的真实性、客观性和公正性进行监督和约束，保证新闻报道的可信度和公信力。

2. 网络新闻评论的特点

网络新闻评论是指基于互联网平台对新闻事件或话题进行评论、交流和讨论的一种形式。网络新闻评论凭借网络快速、互动、高效、容量大等优势，使评论发表快捷及时，内容丰富多彩，形式多种多样，如专栏、论文、发帖、跟帖、博文等等，其内容广泛、即时性强、互动性高、传播范围广等特点明显。

首先，网络新闻评论的内容非常广泛，覆盖面广，可以涉及各个领域，涵盖各种话题。通过网络，评论者可以随时随地在网上发表自己的观点和看法，而且对政治、经济、社会、文化、体育等各个方面的新闻事件都可以进行评论。网络新闻评论内容的广泛性不仅丰富了新闻报道的内容，还反映了社会的多元化和民主化。

其次，网络新闻评论的时效性强，可以及时反映社会舆情。随着网络的普及，新闻事件和信息可以快速地在网络上传播和扩散。评论者们可以在第一时间对新闻事件发表看法和评论,引发更广泛的社会关注和讨论,同时也能够及时反映社会舆情。这种快速反应的特点不仅是网络新闻评论的一大特点,也是新媒体时代的一大特征。

再次,网络新闻评论的互动性非常高,可以形成大规模的社会互动。评论者不仅可以对新闻事件进行评论,也可以对其他评论者的观点进行回复和讨论,形成丰富多样的社会互动。评论者和读者之间的互动促进了信息和意见的传播和交流,同时也能够增强读者对新闻事件的参与感和归属感,提高读者对新闻报道的关注度和认同感。

最后,网络新闻评论的传播范围广。在互联网时代,信息和新闻可以通过网络传播到世界各个角落,评论者的观点也可以通过网络传播到全球,被更多的人所关注和讨论。网络新闻评论的传播范围之广,也使得它成为传播舆论、影响社会的重要途径。

网络新闻评论的特点为新闻报道和社会发展提供了重要的参考和支持。但网络新闻评论质量参差不齐,甚至存在一些超越法律和道德许可的言论,因此,弘扬时代主旋律,传递网络正能量,助推网络评论高质量发展,是每一位网民应尽责任和义务。

3. 新闻评论的价值

新闻评论是新闻报道的延伸和补充,具有重要的地位和作用。它不仅可以为受众提供更深入、更系统的信息,还可以提供对新闻事件的分析和理解。新闻评论在社会舆论引导、价值观塑造、思想交流等方面,具有以下几个方面的价值和作用。

首先,新闻评论有助于加强舆论引导。新闻评论在舆论引导中扮演着重要的角色,通过对新闻事件的解析和探讨,可以引导公众形成正确的舆论态度。这对于维护社会和谐、稳定具有重要的作用。

其次,新闻评论能够塑造公众价值观。新闻评论作为一种具有思想性、导向性的文字,能够引导公众形成正确的价值观念。在当今社会多元化和信息过载的情况下,新闻评论在这一方面的价值显得尤为重要。

再次,新闻评论可以促进思想交流。新闻评论不仅仅是对事件的简单报道,更是对事件本身的深入思考和分析。这种思考和分析的过程,可以促进不同思想观点的交流和碰撞,进一步促进社会的发展和进步。

最后,新闻评论可以促进媒体自律。新闻评论作为一种对媒体自身的监督和评价,可以促进媒体自律。这种自律性的提高,不仅有利于提高媒体的公信力和影响力,同时也能够为社会提供更加公正和客观的信息。

由此可见,新闻评论对于保持社会稳定、提高民众素质和推动国家发展起到了重要的舆论支持作用。它不仅为受众提供对新闻事件的分析和理解,在促进社会文明、弘扬中华优秀传统文化等方面也具有重要的作用。通过对新闻事件的深入分析和思考,可以传递正能量和积极价值观,增强公民道德、文化素养和国家认同感。

三、案例导读

◇ 案例1

人民网评:激发"她智慧" 凝聚"她力量"

来源:人民网,2023-03-08

"世界上若没有女人,这世界至少要失去十分之五的真,十分之六的善,十分之七的美。"今天是第113个"三八"国际妇女节,让我们向每一个"她"致以节日的祝福!

近年来,从严厉打击拐卖妇女儿童犯罪行为,到完善女性权益保护法律救济机制,从热议女性劳动权益保护,到保障幼儿照护与教育……女性议题受到关注,女性力量正在全社会各个领域产生不可忽视的影响。这是对"她权益"的重视与关切,也是对"她力量"的尊重和认可。

巾帼风采,美丽绽放。古往今来,人们从不吝啬将各种寓意美好的词赋予女性。细腻、耐心、坚强、温柔、感性、善良、智慧,世间所有向善向好的形容词,都可以用来形容"她"的魅力、"她"的风采。女飞行员、女科学家、女医生、女教师、女记者、女工人、女白领……她们是母亲、爱人、女儿,她们是同事、朋友,她们就在我们身边!数据显示,全社会就业人员中女性占比超四成,互联网领域创业者中女性占55%,2021年全国科技工作者中女性占比约45.8%。不管什么身份,无论什么职业,或许平凡,但可以伟大!每一个"她"都了不起!

从更宏大的视野来看,妇女是物质文明和精神文明的创造者,是推动社会发展和进步的重要力量。历史前行的每一步,都离不开女性的力量:浩瀚星河,被称为"摘星星的妈妈"的神舟十四号飞行乘组航天员刘洋顶住压力,圆满完成太空授课、太空行走等一系列任务;茫茫大山,"燃灯校长"张桂梅化作一束光,用知识照亮了贫困山区女孩的梦想,改变了她们的命运……无数亮丽身影,以巾帼不让须眉的豪情和努力,撑起了"半边天",充分展现了新时代的女性风采。

节日是纪念,也是提醒。在"三八"国际妇女节这天,我们礼赞女性、致敬女性、歌颂女性,更要学会尊重女性、善待女性、保护女性。我们不仅要为她们献上鲜花和掌声,还要努力提供全面系统的法律保障、高效有力的卫健系统服务、公平合理的义务教育和就业创业环境。毋庸讳言,在发展妇女事业、做好妇女工作方面,侵害妇女权益的行为仍然时有发生,性别歧视依然存在,重男轻女的陈腐观念还有市场。为"她"喝彩的同时,也要为她们的工作和生活提供更有力的支持,为她们绽放风采、人生出彩创造更广阔的舞台,在更高水平上保障妇女权益、促进妇女全面发展。

今天,最美是"她",最耀眼的也是"她"。激发"她智慧"、凝聚"她力量",每一个圆梦追梦的"她"都是美好时代的亮丽风景,每一个顽强拼搏的"她"都是前行征途上的熠熠火光。

【案例评析】

人民网在3月8日当天发表评论文章《人民网评：激发"她智慧" 凝聚"她力量"》，围绕中国女性在各领域中的发展和贡献，强调了中国女性在社会进步中的重要作用。这篇评论充分展示了中国女性在各领域中的贡献和成就，反映了中国女性的实际情况。通过事实和数据，展示了女性在科技创新、文化艺术、教育等领域中所作出的杰出贡献，突显了女性在社会发展中的重要地位和作用，能够吸引广大读者的关注，反映社会实际情况，传递积极的价值观。

评论强调了性别平等和女性发展的重要性，传递了积极的社会价值观。通过呼吁社会各界更加重视女性发展和平等权利的问题，文中传达了性别平等和女性权益保护的重要性，不仅展示了女性的优秀表现，还呼吁社会各界尊重和支持女性，为实现性别平等和社会进步而共同努力。

评论还通过展示女性在各领域中的成就，鼓舞了广大女性读者的信心和勇气，发挥了激励人心的作用。评论鼓励更多女性勇敢追求自己的梦想，展现了女性自强不息、追求卓越的积极精神。这一新闻评论的价值在于，激发了广大女性的信心和勇气，让她们更加自信地面对生活和工作，为社会发展和进步作出更多贡献。

该评论不仅反映了社会实际情况，强调了性别平等和女性发展的重要性，还激励了广大女性读者的信心和勇气，具有很强的新闻实用性和鼓舞性。这种类型的新闻报道在传递正面价值观、激励社会热情、推动社会发展等方面具有重要意义。作为新闻媒体，应当充分发挥自身的作用，通过生动鲜活的报道，传递积极的社会价值观，引领社会风尚，促进社会进步。同时，这也需要媒体本身具备高度的责任感和社会意识，深入了解社会现实，关注社会热点和焦点问题，以更加深入和广泛的报道引领价值观和社会风尚，推动社会发展和进步。

思考与讨论

1. 该评论文章具有哪些价值？
2. 这种类型的新闻报道在传递正面价值观、激励社会热情、推动社会发展等方面具有哪些重要意义？
3. 作为新闻媒体，如何更好地发挥自身的作用，以传递积极的社会价值观，引导社会风尚，促进社会进步？

第二节 《人民日报》引领的新闻评论：让党的主张成为时代最强音

一、导语

随着中国经济和国际地位的不断提升，中国在国际舞台上的话语权和影响力也越来越大。在这个过程中，媒体的作用也变得愈加重要。作为中国最具影响力的官方媒体之一，《人民日报》一直以来都承担着引领舆论、传递正能量、弘扬中国声音的重要使命。其中，新闻评论作为《人民日报》的重要板块，更是扮演着舆论引导和意见领袖的重要角色。在新闻评论阵地，《人民日报》再次强调了让党的主张成为时代最强音的重要性，这也是《人民日报》一贯坚持的价值和使命。

《人民日报》的新闻评论分为社论、本报评论员文章、短评、编后和编者按、专栏评论。《人民日报》新闻评论既有历史厚度、时代高度，也有情感强度，新闻评论精品迭出，成为新闻评论"天花板"。从全国好新闻奖评选开始，《人民日报》新闻评论屡获大奖。中国新闻奖开评后，《人民日报》新闻评论更是大奖不断。中国新闻奖开设特别奖，《人民日报》新闻评论年年获奖。2017 年评论《领航，思想的力量开辟新时代》、2018 年评论《创造历史的伟大变革——纪念改革开放 40 周年（上）》、2019 年评论《初心铸就千秋伟业——为庆祝新中国成立 70 周年而作（下）》、2020 年评论《风雨无阻向前进——写在中国人民抗击新冠肺炎疫情之际》、2021 年评论《百年辉煌，砥砺初心向复兴——写在中国共产党成立 100 周年之际》，既充分展现成就也深刻阐释经验，既有严密精当的逻辑结构，又有感性生动的创新表达。万余字鸿篇巨制，逻辑严密而层次分明，话题重大而语言生动，充分展现了中国共产党的大历史观、大时代观、大世界观。

作为党和政府的"喉舌"，《人民日报》一直以来都在为中国发展和繁荣的大局尽职尽责。弘扬中国声音、传递中国正能量、宣传中国主张，让世界更加了解和尊重中国，彰显了党报的重要性。而《人民日报》的新闻评论作为其引领舆论和意见领袖的重要平台，充分发挥自身优势，坚守新闻真实、客观的原则，始终保持党的正确路线和方针政策的正确导向，努力让党的主张成为时代最强音。

在新闻评论的创作中，《人民日报》不仅要抓住中国发展面临的机遇和挑战，还要在国际事务中发挥应有的影响力和作用。具体来说，体现在围绕"一带一路"建设、乡村振兴、科技创新、文化交流等领域发挥更积极的作用，弘扬中国主张，宣传中国理念，让世界更加了解和认识中国。同时，通过不断加强对国内热点问题的关注和引导，让广大读者更好地理解党和政府的方针政策，认识和参与中国的发展。在当前复杂的媒介竞争中,《人民日报》的新闻评论具有更加重要的意义和价值。我们要学习和借鉴《人民日报》的优秀经验,坚持立场鲜明、客观公正的原则,深入报道国内外重大事件,引导和影响广大读者,为中国的发展和繁荣作出更大的贡献。

二、重要概念

《人民日报》新闻评论的特点

(1) 立场鲜明

《人民日报》新闻评论具有鲜明的政治立场,坚定地站在中国共产党的立场上,积极宣传和弘扬党的理论和路线方针政策。此外,《人民日报》新闻评论对一些涉及国家利益、国家主权和社会稳定等问题,也持有明确的态度和观点,力求客观、公正、中立。

(2) 引领导向

《人民日报》新闻评论注重引导社会舆论,通过语言客观、思路清晰的文章,对一些重大事件、热点问题、社会现象等进行深入的分析和评价,对社会意识形态进行引导,为社会舆论的发展奠定基础。

(3) 开放互动

《人民日报》新闻评论在与读者的互动中不断拓展新的方式,比如利用新媒体平台,加强与读者的沟通和互动,与读者共同探讨国家发展、民生热点和重大事件等问题,倾听民意和声音,增强新闻评论的传播力和影响力。

(4) 讲求实效

《人民日报》新闻评论始终着眼于解决实际问题,通过提出问题、分析问题、解决问题,推动社会进步和发展,为社会建设和改革提供有益的思路和建议,旨在让广大读者在阅读后能够有所收获。同时,新闻评论也要符合时代发展的要求,积极探索新的评论方式和形式,以增强评论的实效性。

◇ **案例2**

中国人民更加自信自强(人民观察)

来源:人民网,作者:王文,2022-11-04

新时代十年的伟大变革,在党史、新中国史、改革开放史、社会主义发展史、中华民族发展史上具有里程碑意义。习近平总书记在党的二十大报告中指出:"中国人民的前进动力更加强大、奋斗精神更加昂扬、必胜信念更加坚定,焕发出更为强烈的历史自觉和主动精神,中国共产党和中国人民正信心百倍推进中华民族从站起来、富起来到强起来的伟大飞跃。"新时代中国人民更加自信自强,做中国人的志气、骨气、底气大大增强,正在意气风发迈上全面建设社会主义现代化国家新征程。

举世瞩目的发展成就让中国人民更加自信自强

习近平总书记在党的二十大报告中指出:"在新中国成立特别是改革开放以来长期探索和实践基础上,经过十八大以来在理论和实践上的创新突破,我们党成功推进和拓展了中国式现代化。"中国特色社会主义进入新时代,我们党坚持和发展中国特色社会主义,推动物质文明、政治文明、精神文明、社会文明、生态文明协调发展,党和国家事业取得历史性成就、发生历史性变革,有力提振了中国人民的精气神和自信心。

经济社会发展取得显著成就。党的十八大以来的十年,我国经济社会发展取得举世瞩目的成就,国内生产总值从 54 万亿元增长到 114 万亿元,我国经济总量占世界经济的比重达 18.5%,提高 7.2 个百分点,稳居世界第二位。人均国内生产总值从 39 800 元增加到 81 000 元。在基础设施建设方面,截至 2021 年底,我国铁路运营里程突破 15 万公里,其中高铁运营里程超 4 万公里,占世界高铁运营里程的 2/3 以上。水电、风电、光伏发电、生物质发电装机规模连续多年稳居全球首位。在制造业综合实力方面,我国拥有全球产业门类最齐全、产业体系最完整的制造业,产业链配套能力全球领先,产业链、供应链韧性和竞争力持续提升。2012 年到 2021 年,我国工业增加值从 20.9 万亿元增至 37.3 万亿元,年均增长 6.3%,远高于同期全球工业增加值 2% 左右的年均增速。在战略性新兴产业方面,新能源和清洁能源实现跨越式发展。这一系列发展成就,从不同侧面彰显了新时代中国自信自强的前进步伐和精神风貌。

人民生活水平不断提高。伴随经济社会发展不断迈出重大步伐,我国不断推动幼有所育、学有所教、劳有所得、病有所医、老有所养、住有所居、弱有所扶取得新成效,人民群众的获得感、幸福感、安全感更加充实、更有保障、更可持续。特别是全面建成小康社会,打赢人类历史上规模空前、力度最大、惠及人口最多的脱贫攻坚战,历史性解决困扰中华民族几千年的绝对贫困问题。2012 年到 2021 年,全国居民人均可支配收入从 16 510 元增至 35 128 元。2021 年,我国中等收入群体超过 4 亿人,是全球中等收入群体规模最大的国家;建成世界上规模最大的社会保障体系,基本医疗保险覆盖 13.6 亿人,基本养老保险覆盖超过 10 亿人。今天的中国,许多地方实现县县通高速,全面实现村村通宽带,许多大城市之间实现朝发夕回,人民群众日益享受到现代生活的便利。在绿色发展的中国,越来越多的人能够呼吸上新鲜的空气、喝上干净的水、吃上放心的食物、生活在宜居的环境中,切实感受到经济社会发展带来的实实在在的环境效益。对美好生活的向往不断变成现实,让中国人对昨天更自豪、对今天更安心、对明天更自信。

人们对未来的预期稳定乐观。稳定乐观的未来预期,能够有力激发人们干事创业的积极性主动性创造性。在保持经济长期平稳健康发展的同时,我国还拥有长期稳定的社会环境、持续稳定的大政方针,能够长期围绕长远奋斗目标接续奋斗,这让我国具有相当高的稳定预期和发展优势。党的十八大以来,我国持续打造市场化、法治化、国际化营商环境,为各国企业在华投资兴业提供有力保障,吸引外资和对外投资持续增长。中国美国商会《2021 中国商务环境调查报告》显示,61% 的受访外资企业将中国作为首选投资目的地。在百年变局叠加世纪疫情、经济全球化遭遇逆流的背景下,2022年前7个月,我国实际使用外资金额同比增长17.3%,货物贸易进出口总值同比增长10.4%,高技术产业投资同比增长20.2%,逆势上扬的发展态势让人们对未来充满信心。

强大的制度优势和治理效能让中国人民更加自信自强

习近平总书记强调:"当今世界,要说哪个政党、哪个国家、哪个民族能够自信的话,那中国共产党、中华人民共和国、中华民族是最有理由自信的。"我国之所以能够取得举世瞩目的发展成就,根本原因在于中国共产党领导中国人民找到了中国特色社会主义这条实现中华民族伟大复兴的正确道路,构建起一整套系统完备、科学规范、运行有效的制度体系,有信心有能力办成许多大事要事。

中国共产党领导是中国特色社会主义最本质的特征,是中国特色社会主义制度的最大优势。党的十八大以来,我们坚持和完善党的领导制度体系,把坚持党的领导贯彻和体现到改革发展稳定、内政外交国防、治党治国治军各个领域各个方面,确保党始终总揽全局、协调各方,引领中华民族以不可阻挡的步伐迈向伟大复兴。正是在以习近平同志为核心的党中央坚强领导下,在习近平新时代中国特色社会主义思想科学指引下,党和国家事业取得历史性成就、发生历史性变革,中华民族伟大复兴进入了不可逆转的历史进程。哈佛大学民调显示,中国民众对政府的支持率长期保持在90%以上。全球知名公关咨询公司爱德曼发布的报告显示,2021年中国民众对政府信任度高达91%,蝉联全球第一。实践证明,中国共产党所具有的无比坚强的领导力,是我国政治稳定、经济发展、民族团结、社会稳定的根本点,是风雨来袭时中国人民最可靠的主心骨。坚持发挥党的领导这一最大优势,充分发挥党总揽全局、协调各方的领导核心作用,就能够有效协调党和国家事业各领域重大关系,确保大政方针的稳定性和持续性,更好发挥我国国家制度和国家治理体系的显著优势,更好推动中国特色社会主义事业不断向前发展。

进入新时代,以习近平同志为核心的党中央把制度建设摆在更加突出的位置,坚持和完善中国特色社会主义制度、推进国家治理体系和治理能力现代化,着力固根基、扬优势、补短板、强弱项,筑牢根本制度、完善基本制度、创新重要制度,各领域基础性制度框架基本确立,各方面制度更加成熟更加定型。党的十八届三中全会把完善和发展中国特色社会主义制度、推进国家治理体系和治理能力现代化作为全面深化改革的总目标。党的十九届四中全会对坚持和完善中国特色社会主义制度、推进国家治理体系和治理能力现代化作出全面部署。发挥制度优势,我们攻克了许多长期没有解决的难题,办成了许多事关长远的大事要事,经受住了来自政治、经济、意识形态、自然界等方面的风险挑战考验。用"中国之制"保障"中国之治",充分证明中国特色社会主义制度具有强大生命力和巨大优越性,为我们坚定信心提供了强大支撑。

在党的领导下奋进新征程让中国人民更加自信自强

习近平总书记指出:"我们现在是距离中华民族文化复兴最近的一个时代。我们自

新媒体新闻典型案例评析

信起来了。"新时代十年党和国家事业取得的历史性成就、发生的历史性变革,是在以习近平同志为核心的党中央坚强领导下取得的,是在全国人民努力拼搏、接续奋斗中得来的。今天,中国共产党和中国人民正信心百倍推进中华民族从站起来、富起来到强起来的伟大飞跃。

我们党紧紧依靠人民,充分发挥人民主体作用,尊重人民首创精神,把14亿多中国人民拧成一股绳,充分调动全社会的积极性主动性创造性。截至2021年底,我国每万人口高价值发明专利拥有量达到7.5件。在2022年全球创新指数排名中,中国跃升至第十一位,是世界上进步最快的国家之一。今天的中国,科技研发人员总量和PCT国际专利申请量连续多年稳居世界首位,全球创新指数排名10年间上升20多位。每一位奋斗者的拼搏付出共同成就了不断前进的中国,中国的蓬勃发展为每一位奋斗者提供了实现梦想的宽广舞台。坚持为了人民干事创业、依靠人民干事创业,奋斗的中国必将更加自信自强,奋斗的中国人民必将更加自信自强。

我们党坚持把国家和民族发展放在自己力量的基点上、把中国发展进步的命运牢牢掌握在自己手中,推动我国经济实力、科技实力、综合国力和人民生活水平跃上新的大台阶。正是将走自己的路作为党的全部理论和实践立足点,我们党领导人民成功走出了中国式现代化道路,创造了人类文明新形态。中国实现现代化,意味着比现在所有发达国家人口总和还要多的人民将进入现代化行列。只要发扬历史主动精神,把中国发展进步的命运牢牢掌握在自己手中,我们就能在全面建设社会主义现代化国家新征程上不断创造新的中国奇迹。

新时代的中国,坚持站在历史正确的一边,站在人类进步的一边,提出构建人类命运共同体,提出共建"一带一路",提出全球发展倡议和全球安全倡议,强调弘扬和平、发展、公平、正义、民主、自由的全人类共同价值……一系列中国理念、中国主张得到国际社会高度赞誉。中国外文局当代中国与世界研究院发布的《中国国家形象全球调查报告2019》显示,海外受访民众对中国整体形象的好感度继续上升,中国在参与全球治理各领域的表现获得更高认可,六成以上海外受访者认可人类命运共同体理念对个人、国家、全球治理的积极意义。马克思说过:"凡是民族作为民族所做的事情,都是他们为人类社会而做的事情。"日益走近世界舞台中央的中国,必将以更加自信的姿态为人类文明繁荣发展贡献更多中国智慧、中国方案、中国力量。

(作者为中国人民大学重阳金融研究院执行院长)

【案例评析】

在当今世界,新闻媒体的价值和作用不可忽视。新闻评论作为新闻报道的重要组成部分,不仅能够帮助读者更深入地理解事件的本质和背后的原因,还能够引导公众的舆论方向和价值观念。《人民日报》整版报道中国人民更加自信自强,正是新闻评论的一种体现。

中国人民自信自强的精神已经深入中国人民的血液中,这是中国经济和文化崛起的重要基础。《人民日报》整版报道,不仅是对中国人民的赞扬,更是对全球社会主义的支持和促进。这篇报道中的新闻评论,既不是单纯的新闻报道,也不是单纯的意见表达,而是对一个国家发展历程的回顾和总结,同时也是对未来发展的展望和憧憬。

新闻评论的价值在于其能够引导公众的价值观念和舆论方向。《人民日报》整版报道中国人民更加自信自强,正是希望引导公众更加关注自己的文化和历史传承,更加重视自己的成就和贡献。这样的舆论引导,可以帮助公众更加理性地看待事物,更加深入地理解事件的本质,从而形成共同的价值观念和社会认同。

新闻评论的作用在于其能够对社会发展产生深远的影响。《人民日报》整版报道中国人民更加自信自强,既是对中国人民的赞扬,也是对全球社会主义的支持。这篇报道中的新闻评论,展现了中国人民自信自强的精神,激发了全球社会主义者的信心和勇气。这样的影响,可以帮助全球社会主义者更加坚定自己的信念,更加努力地为社会发展作出贡献。

思考与讨论

1. 如何理解新闻评论的价值和作用?
2. 在实践中,你认为新闻评论应该具有哪些特点和优势?
3. 新闻评论应该如何引导公众的价值观念和舆论方向?请以你所熟悉的领域或事件为例进行分析。

第三节 新华社:引领舆论,展现媒体责任担当

一、导语

当今社会,媒体已经不仅仅起传递信息、报道新闻的作用,更是承担着引导舆论、反映民意、促进社会进步等重要使命。作为中国最具影响力和权威性的官方通讯社之一,新华社一直在引领着中国媒体的前进方向和发展道路。其作为一家国家新闻机构,不仅仅承担着官方新闻发布的任务,更是作为一种媒体担当,引导社会舆论,扮演着不可替代的角色。

新华社的新闻报道以其独立公正、客观真实、全面深入、时效迅速等特点受到社会广泛关注和认可。在报道中,新华社力求把握客观真实的原则,遵循新闻事实的基本要求,不断加强新闻素养和专业能力的提升,用新闻的方式呈现和传递社会的声音和心态。同时,新华社还注重在报道中注入正能量,引导社会舆论,推动社会进步和发展。

新华社引导社会舆论的主要途径之一就是发表时政评论和社论。作为官方通讯

社,新华社的时政评论和社论往往具有权威性、代表性,可以通过引用权威数据、事实和分析,对时政问题进行深入解读和评价,有助于引导公众正确认识国家政策、认清国际形势。新华社在一些重大事件和议题上发表的社论,如《关注奥运安保,让冬奥安全度过》《携手合作,共创亚洲繁荣之路》等,都引起了社会的广泛关注和热烈讨论,具有较强的引导作用。

新华社的新闻报道不仅能够让公众了解事件的真相,还能够通过对事件背景和深层次原因的分析,引导公众正确认识事件的重要性和应对方法。比如,新华社在疫情防控期间对新冠感染的报道,不仅及时准确地报道了疫情的发展和控制情况,还在多个方面对疫情影响进行了深入分析和评论,为公众认清疫情形势、采取有效措施提供了重要支持。

新华社针对一些重要议题和社会热点开展专题报道,比如"全面深化改革""绿色中国"等重大政策,通过全面、深入的报道和分析,引导公众正确认识问题的本质和解决方向。引导社会舆论是新华社作为媒体担当的一项重要职责。在新闻报道中,新华社不仅是传递新闻信息的工具,更是引领舆论导向的主力军。新华社在报道中始终贯彻中央的方针政策,发挥媒体舆论引导的作用,引导社会舆论朝着正确方向发展。例如获得第二十六届中国新闻奖一等奖的评论《中国故事,最精彩的书写还在后面》和获得第三十一届中国新闻奖的《在民族复兴的历史丰碑上——2020年中国抗疫记》等重磅评论,紧扣重大主题,纵横捭阖,凸显评论的高度深度,兼具历史厚度和情感温度,以恢宏高远的视野、深入系统的思考、饱含深情的笔墨,深刻揭示党领导全国人民取得辉煌成就的历史逻辑、实践逻辑和思想逻辑。

除了在新闻报道中引导社会舆论之外,新华社还不断探索新的舆论引导方式。例如,近年来新华社在网络舆论引导方面的作用日益凸显,通过新华社客户端、新华社社交媒体账号等多种方式传递正能量,引导公众理性表达和发声。同时,新华社还积极开展各种形式的宣传活动,如主题宣传片、漫画、视频等,将正能量传递到更广泛的社会群体中去。通过客观真实、全面深入、时效迅速的报道,传递正确的信息和思想,引导社会舆论朝着正确的方向发展。

二、重要概念

1. 新闻评论的要素

新闻评论是对新闻事件或时事问题进行深入分析和评价的一种新闻体裁,主要是从不同的角度和思路出发,对新闻事件进行深层次的解读和评价。其要素包括:

(1)立意鲜明

新闻评论作为一种新闻形态,其主要特点是针对具体事件提出鲜明的观点和态度,带有强烈的个性化、立场化和时代化的色彩。新闻评论应该有一个明确的主题和观点,能够突出事件的关键点和亮点,为公众提供深入、多角度的思考和分析,引领公众的思考和讨论,有助于提升公众的综合素质和思想觉悟。

(2) 数据支撑

新闻评论的立论基础应该是事实和数据,而不是主观臆断或个人感受。在对事件进行客观分析和评价时,应该用数据来支持和佐证观点,避免主观偏见和片面性。同时,数据的真实性、准确性和权威性也是评价新闻评论的重要标准之一。

(3) 语言精练

新闻评论的语言应该精炼、简练、准确,能够清晰表达观点,引发读者共鸣。要注意避免用词模糊、含糊不清,避免语言上的歧义,同时也要注意避免使用过于晦涩、难懂的专业术语,保持语言的通俗易懂,让读者容易理解。

(4) 逻辑严密

新闻评论要求逻辑严密、思路清晰,有条理地呈现观点,避免跑题或重复。通过深入剖析问题,提出深刻见解,使读者能够更好地理解事件的本质和背后的规律,同时也有助于读者加深对问题的认识,提升对社会的理性思考能力。

(5) 调性稳健

新闻评论的调性要稳健,既要尊重事实、尊重读者,又要有适度的批判性。新闻评论应该坚持立场鲜明、态度鲜明,但不能危害国家、社会和他人的利益,也不能侵犯公民的人格尊严和民族感情。新闻评论应该在批判的同时,提出建设性的批评和建议,为公众提供思考和解决问题的思路和方向。

(6) 时效性强

新闻评论的时效性要强,对时事热点和社会事件进行及时的分析和评价,及时引导公众的舆论方向,能够在最短时间内吸引读者的关注和讨论。

(7) 多元化视角

新闻评论应该以多元化的视角来分析事件,不偏重某个方面或利益集团,而是在不同利益和群体之间进行平衡和权衡,为读者提供全面、客观的信息和观点。新闻评论应该考虑不同人群的需求,同时尽可能地避免偏见和片面性。例如,在报道某个事件时,需要考虑不同群体的利益和影响,包括政府、企业、公众、媒体等等。通过多元化的视角来分析和评价事件,可以使新闻评论更加客观和全面。

(8) 读者导向

新闻评论需要注重读者的需求和关注点,以读者为中心,根据读者的背景和需求提供相关的信息和观点,引导公众思考和讨论。新闻评论不是为了满足作者的兴趣,而是要解决读者所关心的问题。因此,在写作新闻评论时,需要了解读者的需求,从他们的角度出发,提供相关的信息和观点,使读者能够更好地理解事件的发生和影响。

(9) 创新性

新闻评论需要具备创新性,采用多样化的表达方式和形式,注重多媒体融合,适应不同读者的需求和口味,提高读者阅读体验和参与度。随着新媒体技术的发展,读者对信息的获取方式和阅读体验的要求也在不断改变。因此,新闻评论需要不断创新,采用多种表达方式和形式,如图表、动态图、视频等多媒体形式,以便读者更好地理解和参与讨论。

(10) 社会责任感

新闻评论需要具备强烈的社会责任感,能够在传播中承担起应有的社会责任,引导公众正确看待问题,避免对社会造成负面影响。例如,在报道一些敏感事件时,需要注意自己的言辞和态度,不要过度渲染情绪,避免对社会产生负面影响。此外,新闻评论也应该注重道德和伦理,避免侵犯公民的权利和尊严,不得散布虚假信息,不得宣扬不良行为和价值观。同时,新闻评论应该有批判性思维和创造性思维,能够深入剖析问题,提出深刻见解;要具备建设性思维,为公众提供有益的建议和解决方案,引导公众积极参与社会事务,为社会的进步和发展作出贡献。

在现代社会,新闻评论在传播中扮演着越来越重要的角色。良好的新闻评论应该具备多方面的要素,包括立意鲜明、数据支撑、语言精练、逻辑严密、调性稳健、时效性强、多元化视角、读者导向、创新性以及社会责任感。只有具备这些要素,才能够为公众提供有价值的信息和观点,引导公众正确看待问题,为社会的进步和发展作出积极的贡献。

2. 新媒体环境下的新闻评论

新媒体新闻评论是指在新媒体平台上发表的对新闻事件的评论和解读。随着互联网和移动互联网技术的发展,越来越多的人习惯通过手机、电脑等数字设备获取新闻信息,并在新媒体平台上发布和分享自己的看法和观点。新媒体新闻评论以其独特的优势,成为媒体传播和舆论引导的重要手段。

与传统媒体评论不同,新媒体新闻评论更加注重个性化、实时性、互动性和多媒体元素的应用。读者可以通过新媒体平台快速获取最新的新闻事件和评论,并与作者进行互动和分享。在新媒体平台上,新闻评论可以以更加自由、多元的形式呈现,涵盖社会、政治、文化等各方面,能够更加深入地探讨和分析新闻事件的背景、原因和影响,反映出社会各界的声音和观点。

因此,新媒体新闻评论已经成为媒体传播和舆论引导的重要方式,它不仅能够反映出社会的多元声音,也能够促进媒体与读者之间的互动和交流,提高媒体传播的效果和影响力。新媒体新闻评论的要素与传统媒体的要素基本相同,但受到新媒体平台的特点和社交化传播的影响,还有一些特殊的要素,包括:

(1) 多媒体元素

新媒体评论包括文本、图片、音频、视频等多媒体元素,能够更好地吸引读者的注意力,并提升他们的阅读兴趣。

（2）互动性

新媒体评论与读者之间的互动性更强，读者可以通过评论、点赞、分享等方式与作者进行互动，形成更加立体化的信息传播和舆论引导渠道。

（3）实时性

新媒体评论的发布速度更快，能够及时回应新闻事件，抢占话语权。

（4）分享性

新媒体评论更容易被分享和传播，能够更快地扩散影响。

（5）个性化

新媒体评论更具个性化，更加注重独立思考和表达观点，也更加注重个性化的语言和风格。

（6）多元化

新媒体评论的内容和主题更加多元化，不仅包括对新闻事件的评论和解读，还包括对社会热点、文化现象等的分析和探讨。

综上所述，新媒体新闻评论的要素包括多媒体元素、互动性、实时性、分享性、个性化和多元化，这些要素能够更好地吸引读者的注意力，并提升他们的阅读兴趣，增强信息传播和舆论引导的效果。

3. 新华社新闻评论的风格

作为中国的国家通讯社，新华社的新闻评论一直具有一些鲜明的特点。综合为以下几点：

（1）突出思想性和深度

新华社的新闻评论往往着重于思想性和深度，对于国内外重大事件和问题进行分析和解读，提供独特的视角和思考。在处理问题时，注重事实依据，推理严密、理性客观、深入浅出。

（2）立场鲜明，维护国家利益

新华社的新闻评论常常具有鲜明的立场，强调维护国家利益和主权，支持中国特色社会主义道路和制度。在涉及国家核心利益和重大政治原则问题时，新华社会发表权威的评论文章，凝聚舆论，引导社会共识。

（3）关注时政热点和社会热点

新华社的新闻评论对时政热点和社会热点密切关注，关注各类事件的演变和背后的深层原因，以及对中国未来的影响。同时，也关注社会问题和民生议题，关注人民群众的呼声和期望。

（4）引领舆论，又影响深远

新华社的新闻评论在国内媒体中具有一定的话语权和影响力，它的评论文章往往能够引领舆论，促进社会的共识和理性思考，引起人们对于问题的关注和讨论。同时，新华社的新闻评论也受到国外媒体和国际社会的关注,对于提高中国在国际社会中的影响力也有一定的作用。

总的来说,新华社的新闻评论具有思想性强、立场鲜明、关注时政社会热点、引领舆论等特点,通过引领舆论和宣传中国的观点,为国家的发展和进步作出了积极贡献。

三、案例导读

◇ 案例3

新华网三评"假期旅游":让堵心变顺心、让流量变"留量"、让过客变常客

来源:新华网,2023-04-28

一评:未雨绸缪,让堵心变顺心

疫情过后的这个"五一"小长假,人们期待已久。各项数据显示,"五一"期间,人们出游热情高涨,各大景区都将迎来客流高峰。

客流高峰期,要想让大家的美好期待变成美好体验,还需要把很多工作做在前面,做细、做好、做实,彻底排除各种隐患,周密做好各种部署。未雨绸缪,确保大家平安过节、快乐过节。

回顾以往假期,或多或少存在一些"堵点"。比如,从高速到景区一路"人从众"模式;游客消费时遭遇套路;一些不文明现象也时有发生。

这些"堵点",不仅给人们心里添堵,也给安全添堵,暴露出的隐患不容忽视。

管理部门谋划在前,游客才能不"望堵兴叹"。

在应对假日"堵点"上,各地各部门得拿出切实可行的预案。游客高峰来临前,要对道路安全保障工作作出安排,对景区的各种设施、食品安全等进行排查,制定详尽完备的应急预案,等等。

在飞行安全领域有一个"海恩法则":每一起严重事故的背后,必然有29次轻微事故和300起未遂先兆以及1000起事故隐患。

这对我们是一种警示。该安排的不安排、该排查的不排查、该防范的不防范,一旦安全隐患变安全事故,那就可能不仅是堵心,更是痛心了。

近日,淄博发布《致广大游客朋友的一封信》,提醒广大游客朋友:"五一"客流量已超出接待能力,建议错峰前往。这封来自高热网红城市的"劝退信",让游客读出了真诚和尊重,也读出了预期管理的柔性和智慧。

除了主管部门的努力,事关自身安全、切身利益,游客同样要提高防范意识。近日,文旅部、公安部等部门提醒广大游客:合理安排行程,加强个人防护,注意出行安全,注意消防安全,注意游览安全等。

凡事预则立。未雨绸缪,才能变可能的堵心为假日的顺心。希望外出游玩的你我,高高兴兴出发,开开心心享受身边美景美食,平平安安度过美好假期。

二评:说到做到,让流量变"留量"

"五一"假期来临,不少人已经准备好去淄博感受撸串的乐趣,去许昌体验古韵新风。

其实不只是淄博、许昌,上半年不少"火"出圈的城市成了"五一"热门打卡地。今年是消费提振年,许多城市在千方百计"创红"——

一段时间以来,多地文旅局长"花式整活儿",为旅游发展也是拼了。有人骑马舞剑展示家乡美景,有人说唱 rap 介绍当地风情,有人高空跳伞为家乡代言……各种各样的"创红"屡屡在网上形成流量爆款。

"爆款"里饱含着人们对美好物质文化生活的向往和巨大的消费需求潜力。抓住了这个点,就抓住了提振消费的契机。

需要强调的是,"创红"不易。"淄博烧烤"之所以能"火"出圈,把一个随处可见的烧烤变成响当当的"金字招牌",在于经营者富有点石成金的创新思维,也在于当地管理部门让人暖心的创新服务,还有作出"绝不宰客"承诺的出租车司机、集体出动既当管理员又当"导游"的交警……火热的烧烤美食背后,是当地人的用心、热心和良心。

需要提醒的是,爆火实难得,"长红"更不易。"创红"期间曾许下的诺言要兑现,避免消费者乘兴而来,失望而归;更细、更深的功夫要做在服务和监管保障上,真正让人来了不想走,走了还想再来,用口碑树品牌,用脚来投"票"。将流量转化为"留量","创红"才是成功的,"创红"才能变成"长红"。

爆红、出圈,只是开始。流量能不能变成"留量",检验的是一座城市的综合治理能力,这是真正的内功。

想起以前老字号里常喊的三句话——"来了您呐""您慢用""您走好"。看似普普通通的三句话,却能让人心里热乎乎的。三句话的背后,实质是对消费者接地气的关注、发自内心的尊重,蕴含着让"创红"变"长红"的密码。

这个"五一"小长假,哪些网红城市能让流量变成实实在在的"留量",我们拭目以待。

三评:浪漫约会,让过客变常客

"五一"小长假来临,不少人跃跃欲试,准备和"远方"来一场浪漫约会。

各地文旅部门也争相"放大招",铆足了劲儿吸引游客。相关机构的数据显示,今年"五一"假期,旅游人次有望创五年来新高。

旅程开启,旅游行业、各地文旅部门和景区等将迎来大考。

如何做好"五一"假期的旅游接待,如何让远道而来的游客乘兴而来尽兴而返,考的是相关部门的暖心、贴心、用心,考的是商家的热心、诚心和良心,图的是让游客放心、安心、开心。

近日发生的出租车"反向抹零"、民宿涨价毁约、游客不买东西被导游辱骂等让消费者糟心的事儿,给各地敲响了警钟:千万不能让个别无良商家砸了迎客招牌。

新媒体新闻典型案例评析

"五一"前夕,多地对各种消费乱象主动出击,连续发文或召开政策提醒告诫会,以规范市场秩序。北京市场监管部门更是一连发了16条提醒,对市场进行告诫,真可谓提耳式"敲山"了。

这份"告诫书"几乎涵盖了纠纷可能出现的所有重点消费场景:公园等不得私设"园中园",擅自增设收费项目;餐饮经营者不得出现"时令价"等模糊标价;粮油肉蛋菜奶经营者不得哄抬物价……

这一系列"不得"让消费者拍手称快。

这个小长假,旅游业迎来回暖,来之不易。面对当下这个大好机会,还是要记牢,越是红红火火的旺季,越是要扎扎实实地做口碑,才可能把一次性的"过客",转化为常来常往的"常客"。

长假将至,祝各位带着好心情共赴双向奔赴的夏日约会。

【案例评析】

从新闻评论的价值角度来看,新华社针对"假期旅游"所写的《新华社三评"假期旅游":让堵心变顺心、让流量变"留量"、让过客变常客》可以说是一篇非常有价值的评论文章。首先,作品对于当前的社会现象——旅游堵点提出了解决方案,为读者提供了实用性的建议,让读者对旅游不再感到困惑和焦虑,让读者能够更加愉快地享受旅游。其次,作品提出的方案不仅是一种解决问题的方法,也是一种推广和宣传旅游的方式,通过提供特别服务和优惠,让游客们感到满意和惊喜,从而让他们成为忠实的粉丝,形成了良好的口碑效应。最后,这篇评论文章所提出的理念——让流量变"留量",让过客变常客,具有一定的指导意义,具体来说,这篇新闻评论呈现出以下几个特点:

①立意明确:标题直接点出了新闻评论的主题"假期旅游",文章围绕着这个主题进行分析和评论,表达了作者对假期旅游的看法。

②观点鲜明:作者在文章中表达了对假期旅游的正面评价,认为假期旅游能够让人们心情愉悦、留住"流量"并将过客转化为常客,给旅游行业带来了积极的影响。

③语言简练:整篇文章语言简洁明了,重点突出,使读者能够迅速了解作者的观点和看法。

④实例丰富:作者举了多个实例来说明自己的观点,这些实例具有典型性和代表性,能够让读者更好地理解作者的观点。

⑤阐释深刻:作者在文章中对假期旅游的优点进行了深入阐释,并指出了旅游业应该如何在这些方面进行改进和提高。这种深入的阐释能够让读者对该主题有更深入的认识和理解。这是一篇非常有价值的新闻评论。

思考与讨论

1. 这篇新闻评论采用了哪些方法、技巧来提升文章的说服力和吸引力?
2. 作者在文章中提到了许多与旅游相关的问题,例如旅游景点的选择、旅游产品的质量、旅游服务的态度等等,你认为这些问题在新闻评论中有何作用?如何更好地分析这些问题?

第四节 央视新闻评论:守正创新、出圈出彩

一、导语

央视新闻评论作为央视新闻的重要板块之一,一直以来秉承着"守正创新、出圈出彩"的理念,致力于传递最真实、最客观、最权威的新闻观点,以不断探索创新的表达方式和形式,走出了一条具有自身特色的道路。

从"守正"方面来看,央视新闻评论一直以来都坚持客观、中立、真实的原则,以党和国家的立场观点为指导,客观准确地报道和评论新闻事件,充分发挥了央视媒体的权威性和影响力。同时,央视新闻评论也注重批评与自我批评,对自身的报道和评论进行反思和总结,不断提升自身的专业素养和新闻伦理水平。

从"创新"方面来看,央视新闻评论一直在不断探索新的表达方式和形式,注重多媒体融合,将新闻评论与图文、视频、直播等形式相结合,提高了观众的参与度和阅读体验。同时,央视新闻评论也在探索创新的内容形式,不断拓展新闻评论的领域和深度,涉及经济、文化、社会等多个领域,为广大观众提供了更加丰富、全面的信息和观点。

作为国家级媒体,央视新闻并没有止步于传统媒体的形式,而是在多个平台上进行了大胆的尝试,如通过新媒体平台、社交媒体和移动应用来与观众互动和交流,提高了品牌的可见性和受众范围。央视也尝试将新闻评论的形式创新,不断提高新闻评论的品质和数量,让新闻评论更加生动有趣,更容易引起公众的共鸣。此外,央视也在多个领域展开了深入的报道,如全球疫情、中国经济、文化传承等等,这些报道展示了央视的新闻创新精神和努力,也让央视在全球范围内获得了更多的关注和认可。

二、重要概念

1."守正创新"概念的提出

习近平总书记曾多次提出守正创新的重要性,并将其作为治国理政的一项基本方略。

守正是坚定理想信念,宣传思想阵地的根基和底线;创新是顺应时代潮流,推动媒体融合发展的必然选择。要把守正创新贯穿媒体融合发展全过程,并坚持"四个导向",即政治方向、舆论导向、价值取向、民生取向,创新传播方式和手段,加强舆论引导,提高宣传思想工作的针对性、实效性和影响力,推动媒体融合发展取得更加显著的成效。

媒体要秉持正确的导向和价值观,坚守媒体的职业道德和责任,同时要积极创新,探索新的表达方式和传播途径,适应时代发展的要求。

2. "守正创新"在媒体领域的实践应用

守正创新概念的提出旨在强调传统文化的保护与传承,同时也要有创新精神,不断探索新的表达方式和创新模式。在媒体领域,守正创新的应用,一方面可以借鉴传统媒体的经验和优势,保持传统的精神内核,不断挖掘传统文化中的人文精神和价值,以传统文化为基础,运用现代媒体技术和手段,探索创新的表达方式,打造更具时代感和现代气息的传媒作品;另一方面,守正创新也意味着在媒体内容和形式方面,不断创新、拓展新的领域,拥抱数字化、智能化、多媒体等新技术,拓宽报道范围和深度,创新报道方式和形式,更好地满足人民群众的信息需求,提高传媒产品的品质和影响力。

以央视新闻为例,作为国家级媒体,央视新闻一直秉承守正创新的理念,在媒体领域拥有着强大的影响力和品牌号召力。央视新闻在保持传统新闻的优良传统的同时,也积极拥抱新媒体技术,进行多维度的报道和分析,例如开展互动直播、移动报道、VR/AR等多种形式的创新报道;同时央视新闻也注重内容创新,推出了一系列深度报道、人物专访、重大事件的独家解读等专题报道;央视新闻还关注公益事业,推出了一系列的公益广告和节目,弘扬正能量,传递正能量。

总之,守正创新在媒体领域的应用不仅可以传承和发扬传统文化,还可以拓展媒体的影响力和品牌号召力,提高媒体产品的质量和影响力,同时也可以更好地满足公众的信息需求和精神需求,体现媒体的社会责任和价值。

3. 央视评论的角度和特点

(1)客观、中立

央视评论在传递信息时,通常会以客观、中立的态度进行报道,尽量避免夹带私人观点和感情色彩。即使在评论环节中,央视评论也会力求准确、客观地表达观点,不会过度渲染情绪和感情色彩。

(2)注重热点重点

央视评论通常会选择一些热门、敏感、有代表性的新闻事件进行评论,而且会从多个角度、多个方面进行分析和评价,注重针对当前社会热点问题进行探讨和评论。央视评论会对政治、经济、文化等领域的重要事件进行深入分析和评论,引导公众正确看待问题。央视评论还注重与时俱进,借助新媒体平台,让观众和读者更加便捷地接触到评论内容,增加影响力和传播力。

(3)强调价值导向

央视评论不仅关注新闻事件本身,更注重事件背后的价值观念和社会意义。在评论中,央视评论会引导公众树立正确的价值观念和行为准则,强调正义和公正,推动社会文明进步和道德提升。

(4) 责任担当

作为主流媒体,央视评论时时刻刻都在承担着社会责任和历史使命。央视评论的角度和特点都是基于这一社会责任和历史使命而建立的,所以央视评论在传播信息和观点时,都会考虑到公共利益和社会稳定因素,尽量避免对社会造成负面影响。

总的来说,央视评论具有权威性、影响力和传播力等特点,以维护国家利益和人民福祉为主旨,注重语言的生动形象和客观性,适应时代变化和新媒体的发展。

三、案例导读

◇ **案例4**

央视网评:老教授状告中国知网,"借鸡生蛋"生意该改改了!

来源:央视网,2021-12-08

89岁的中南财经政法大学退休教授赵德馨,把论文领域的平台巨头——中国知网给告了。原因是后者擅自收录他的100多篇论文,老先生没拿到一分钱稿费,自己下载还要付费。

赵教授最终全部胜诉,累计获赔70余万元。中国知网不再收录他的文章,已收录的也全部下架。

"不问自取即为盗",这是小孩子都明白的道理。但是,中国知网却拿老教授发表的文章卖钱,做了"无本生意"。就像赵德馨教授所说:"为什么我创造的知识成果得不到尊重?"中国知网表面上霸王条款自定的"强制授权",背后却是对知识产权的垄断。

中国知网获取论文著作权的方式,是建立在渠道优势乃至垄断之上的。很多时候,它并没有获得原作者的直接授权,而是被打包进期刊、大学学位论文的"格式化条款"里,其中几多自愿,几多无奈?

目前,中国知网利用其市场支配性地位,把学位论文、期刊论文两大渠道捂得严严实实。大学、期刊想获取相关资源,就必须交出作者的授权。硕士、博士毕业生在提交论文时,一般也会被校方要求签订《关于论文使用授权的说明》,把论文授权给中国知网。学者向期刊投稿时,很多时候也是被要求授权中国知网使用。

所以,一般而言,中国知网收录当下原作者撰写的学位论文、期刊论文,至少在形式上满足了"授权"要件。但是,这样"授权"格式条款是明显有问题的。

一者,它没有溯及力,不能让中国知网获得条款生效之前的已经发表的论文、文章的网络传播权。可中国知网是明知自己理亏,还是"霸王硬上弓",收录了相当数量未授权论文。

比如,赵德馨教授被侵权的论文,有的发表在2011年,甚至更早,当年赵教授发表论文时没有签署授权文件。再如,中国文字著作权协会代表已故作家汪曾祺,也曾以类似理由起诉中国知网侵权收录、传播其文章。

无论是89岁老教授,还是汪曾祺先生,他们之所以能赢得官司,还是因为文章发表较早,没有被要求签署授权协议,从而逃出"被支配"的命运。如今,绝大多数论文的作者可能会因为"被同意",从而很难向中国知网维权。

随着收录论文越来越多,中国知网"借鸡生蛋"的生意正在完成生态闭环,将来作者打赢官司的希望会越来越小。

其次,中国知网的授权条款涉及"霸王条款"、垄断问题,没有真正体现出对知识原创者的尊重。论文作者呕心沥血创作出的成果,发表后被收入中国知网系统,用于牟取高额经济利益,而原作者却无法从中获得应有报酬。

譬如,中国知网向博士论文作者仅需一次性支付100元,以及400元的检索阅读卡,但是,这些文章每在中国知网上被下载一次,平台就会收取0.5元/页甚至1元/页的费用。"遍身罗绮者,不是养蚕人",颇有讽刺意味。

中国知网的前身,源自1999年"中国知识基础设施工程"建设项目,它打出的口号是"创新知识资源全国共享行动计划"。言犹在耳,如今中国知网的公众形象却正由"屠龙者"变成"恶龙"。

创新是我们国家未来发展的第一动力。中国知网"借鸡生蛋"这本创新生意该改改了!回归公益、与作者共赢才是正途大道。

【案例评析】

该新闻事件发生于2021年,是当时热点事件之一,央视网在当天就及时发表评论,展示了央视网作为权威媒体的敏锐嗅觉和快速反应能力。同时,该评论也通过对事件的深度分析和引用相关法律条款,展现了央视网对社会公正与法治的关注和呼吁。

首先,央视网评对于社会事件的报道始终持有严谨、客观的态度。在这篇评论中,央视对于老教授状告中国知网的事件进行了深入调查,并且对于状告方和被状告方的情况进行了全面分析和总结,既有表扬,也有批评,体现了央视网评对待新闻事件的客观、公正的态度。

其次,央视网评具有良好的社会责任感。这篇评论不仅仅是简单地报道一个社会事件,更是对当前科学出版领域存在的问题进行深入探讨和反思,并在最后强调了"借鸡生蛋"的不良现象必须得到彻底的纠正,呼吁社会各方共同关注这个问题。这种积极的社会责任感也是央视作为主流媒体的一种价值体现。

最后,央视网评对于公众具有一定的引导作用。央视网评的报道往往会引起公众的广泛关注,因此,央视的言论也具有一定的影响力和导向作用。在这篇评论中,央视网评呼吁各方注意科学出版领域存在的问题,并呼吁相关部门采取有效措施加以解决。这种引导作用对于社会的良性发展也具有重要的意义。

综上所述,这篇评论体现了央视作为主流媒体应具有的严谨客观的态度、良好的社会责任感和对公众具有一定的引导作用等特点,这也是央视作为主流媒体的一种价值体现。

思考与讨论

1. 央视新闻评论在守正方面的做法有哪些？如何确保报道和评论的客观准确性？

2. 央视新闻评论在创新方面采取了哪些新的表达方式和形式？如何提高观众的参与度和阅读体验？

3. 在媒体行业中如何更好地实现知识产权保护？

4. 在评论中如何更好地关注社会现象和民生问题，以引导公众正确看待问题，提高公众的道德和文明素质？

第六章 06

重大网络舆情典型案例

第一节 网络舆论：营造清朗的网络空间

一、导语

随着新媒体技术的迅速发展，网络空间已经成为人们获取信息、交流沟通的重要渠道。网络空间的生态环境对于公众的判断和决策产生着至关重要的影响。因此，网络空间的生态环境也越来越受到社会各界的关注和重视。

"网络空间是亿万民众共同的精神家园。网络空间天朗气清、生态良好，符合人民利益。网络空间乌烟瘴气、生态恶化，不符合人民利益。"习近平总书记提出的这一论断，表达了人民群众的共同心声，凸显了网络舆论对社会和人民群众的重要性。网络空间是亿万民众共同的精神家园，它应该有一个天朗气清、生态良好的环境，符合人民群众的利益。反之，如果网络空间乌烟瘴气、生态恶化，就会对人民群众的思想健康、心理健康和身体健康造成极大的威胁。

网络舆论是当今社会不可或缺的一部分，它可以促进社会和谐、增强社会凝聚力和创新力。在网络舆论中，公众可以畅所欲言、发表意见和建议，政府和企业也可以及时了解公众的心声和诉求。网络舆论的广泛参与和讨论，有助于形成共识、促进进步和发展。

但是，网络舆论中也存在不良的现象，如谣言、虚假信息、黑客攻击等，这些都会扰乱网络空间的生态环境，影响公众的判断和决策。因此，为了营造一个清朗的网络空间，需要政府、企业和个人共同努力。只有营造一个积极向上、和谐有序、清朗正义的网络舆论环境，才能让网络空间成为一个真正属于人民群众的精神家园，符合人民群众的利益和期望。

为了保护公众的利益，我国政府采取了一系列措施加强对网络舆论的监管。例如，修订《互联网新闻信息服务管理规定》，规范网络媒体的行为；加强对网络谣言和虚假信息的打击力度，维护网络空间的清朗环境，加强对网络舆论的监管。

新闻媒体在网络舆论引导中发挥着重要作用，因此加强自身建设至关重要。媒体要提高自身的专业水平和社会责任感，加强员工培训，提高新闻素养和业务能力。通过在媒介融合背景下的不断创新，拓展报道渠道和形式，提高新闻报道的质量和效果，利用社交媒体平台进行舆论引导，增强新闻报道的影响力和感染力，采用新的技术手段和报道方式，提高舆论引导的效果，通过积极参与网络治理，发挥自身的专业优势和社会影响力，为构建良好的网络生态作出贡献。

阅读材料：十九大以来习近平总书记关于网络空间治理的相关论述

——坚持正确舆论导向，高度重视传播手段建设和创新，提高新闻舆论传播力、引导力、影响力、公信力。加强互联网内容建设，建立网络综合治理体系，营造清朗的网络空间。(2017年10月18日，习近平在中国共产党第十九次全国代表大会上的报告)

——要使全媒体传播在法治轨道上运行，对传统媒体和新兴媒体实行一个标准、一体管理。主流媒体要准确及时发布新闻消息，为其他合规的媒体提供新闻信息来源。要全面提升技术治网能力和水平，规范数据资源利用，防范大数据等新技术带来的风险。(2019年1月25日，习近平在十九届中央政治局第十二次集体学习时的讲话)

——要旗帜鲜明坚持正确的政治方向、舆论导向、价值取向。在信息生产领域，也要进行供给侧结构性改革，通过理念、内容、形式、方法、手段等创新，使正面宣传质量和水平有一个明显提高。(2019年1月25日，习近平在十九届中央政治局第十二次集体学习时的讲话)

——移动互联网已经成为信息传播主渠道。随着5G、大数据、云计算、物联网、人工智能等技术不断发展，移动媒体将进入加速发展新阶段。要坚持移动优先策略，建设好自己的移动传播平台，管好用好商业化、社会化的互联网平台，让主流媒体借助移动传播，牢牢占据舆论引导、思想引领、文化传承、服务人民的传播制高点。(2019年1月25日，习近平在十九届中央政治局第十二次集体学习时的讲话)

——网络文明是新形势下社会文明的重要内容，是建设网络强国的重要领域。近年来，我国积极推进互联网内容建设，弘扬新风正气，深化网络生态治理，网络文明建设取得明显成效。要坚持发展和治理相统一，网上和网下相融合，广泛汇聚向上向善力量。(2021年11月19日，习近平致信祝贺首届中国网络文明大会召开)

评析：

习近平总书记在十九大以来的多次论述中，强调了正确的舆论导向对于网络空间治理的重要性，同时提出了一系列措施和要求，旨在加强互联网内容建设，建立网络综合治理体系，营造清朗的网络空间。

首先，习近平总书记强调了要提高新闻舆论传播力、引导力、影响力、公信力，认为正确的舆论导向是网络空间治理的重要基础。这需要加强互联网内容建设，不断提高技术治网能力和水平，并规范数据资源的利用，防范新技术带来的风险。

其次，习近平总书记强调了全媒体传播应在法治轨道上运行，对传统媒体和新兴媒体实行一个标准、一体管理，规范信息的发布和利用，提供合规的新闻信息来源。同时，要进行供给侧结构性改革，创新正面宣传的理念、内容、形式、方法和手段，提升宣传质量和水平。

此外，习近平总书记强调了移动互联网已成为信息传播主渠道，强调了移动优先策略的重要性，并要求建设好自己的移动传播平台，管好用好商业化、社会化的互联网平台,牢牢占据舆论引导、思想引领、文化传承、服务人民的传播制高点。

网络文明是新形势下社会文明的重要内容,是建设网络强国的重要领域。中国近年来积极推进互联网内容建设,弘扬新风正气,深化网络生态治理,网络文明建设取得了明显成效,但还需要发展和治理相统一,网上和网下相融合,广泛汇聚向上向善力量。习近平总书记的论述为中国新闻媒体网络内容建设提供了指导思想和政策支持,要求加强舆论引导、强化传播力、提高内容质量、加强网络治理,旨在建立网络强国、营造清朗的网络空间。这对于保持网络空间的秩序和稳定,推动中国网络文化建设和发展,具有重要意义。

二、重要概念

1. 网络舆论

网络舆论是指通过网络媒介传播的公众意见和情绪,是网络社会中人们对各种信息和事件进行评论、表达态度、交流观点的过程。网络舆论的特点是具有广泛性、实时性、互动性、匿名性、群体性等特点,同时也具有高速传播、容易产生引爆点、难以控制等风险。

网络舆论的形成和传播涉及多个因素,如网络技术、传媒、政府、企业、个人等。网络舆论的发展对于社会各界的影响非常深远,它可以引导公众的情绪和行动,对于政治、经济、文化等方面都具有重要的影响。因此,对于网络舆论的管理和引导,已经成为一个不可忽视的社会问题。

2. 网络内容建设

网络内容建设是净化网络空间环境的关键,是数字化发展治理体系建设的发力点。我国有关部门已陆续出台《互联网宗教信息服务管理办法》《网络直播营销管理办法(试行)》等规章制度,促进网络空间内容治理。未来还需进一步健全数字化发展治理的法律法规体系。

2021年10月,国家互联网信息办公室公开发布了最新版《互联网新闻信息稿源单位名单》,为网民获取权威新闻资讯提供了有力保障。

3. 网络空间治理

网络空间是指由计算机网络所构成的虚拟空间,其中包含互联网、局域网、广域网等各种网络形式和各种网络应用服务。它是信息社会中的一种新型空间,与现实空间相对应。网络空间的特点是信息化、虚拟化、全球性和开放性。

网络空间的治理是一个重要问题,需要政府、企业、社会组织和个人共同参与。网络空间治理的目标是建立一个健康、安全、稳定、开放的网络空间,保护个人隐私和知识产权,维护网络安全和秩序,促进信息技术的创新和发展。在网络空间治理中,需要平衡个人隐私和公共利益、个人自由和网络安全、信息自由和信息正义等多个方面的利益,确保网络空间能够发挥其积极作用,为人们的生活和工作带来更多的便利和福利。

三、案例导读

◇ 案例1

文汇时评:营造清朗的网络空间

来源:文汇客户端,2021-12-17

党的十九届六中全会通过的《决议》强调,党的十八大以来,我国意识形态领域形势发生全局性、根本性转变,全党全国各族人民文化自信明显增强,全社会凝聚力和向心力极大提升,为新时代开创党和国家事业新局面提供了坚强思想保证和强大精神力量。

见微知著。近日,多份年度热词榜单陆续出炉。"百年未有之大变局""觉醒年代"让Z世代"破防了"……诸多充满正能量的流行语成为"时代表达",折射出新时代"更为主动的精神力量"。

高度重视"主阵地、主战场、最前沿"

改革开放以来,党中央坚持物质文明和精神文明两手抓、两手都要硬的基本方针,推动了社会主义文化繁荣发展,振奋了民族精神,凝聚了民族力量。但是,随着经济社会的快速发展、对外开放的不断扩大、互联网的日趋普及,网络舆论乱象丛生,网络文化发展良莠不齐,严重影响人们思想、社会舆论环境,甚至日常生活。例如,近年来网上出现泛娱乐化、低俗炒作等现象,且屡禁不止,甚至出现流量至上、畸形审美、"饭圈"乱象等不良文化,占用大量公共平台资源。《决议》明确指出,过不了互联网这一关就过不了长期执政这一关。意识形态的核心任务是为国家立心、为民族立魂。党中央高度重视互联网这个意识形态斗争、文化建设和发展的主阵地、主战场、最前沿,健全互联网领导和管理体制,坚持依法管网治网,营造清朗的网络空间。党的十八大以来,习近平总书记亲自谋划、指导推动加强网络空间的顶层设计、总体布局,提出了一系列网络空间建设的重要措施,形成了内涵丰富、富有创见、系统科学的网络空间建设思想,为推进网络空间高质量发展指明了方向,提供了根本遵循。

网络空间是亿万民众共同的精神家园

习近平总书记指出:"网络空间是亿万民众共同的精神家园。网络空间天朗气清、生态良好,符合人民利益。"借助于互联网,人们从来没有像现在这样拥有对信息、知识的热情,对各种社会问题参与讨论的积极性、主动性。政府网络客户端、各类文创企业的产品、单位的微信社群、个体之间的"朋友圈"正在取代传统的思想文化传输方式,改变传统的信息传播渠道,深刻影响着人们的思想方式、思维方式、行为方式。在线成为当代社会关系和社会结构的重要特征和思想、文化传播的重要渠道。

我国是互联网应用大国,管理好互联网发展带来的各种社会问题,事关社会稳定有序、人民生活福祉,更事关国家文化和政治安全。根据《中国互联网络发展状况统计报告》,截至2021年上半年,我国网民人数已经达到10.11亿,互联网游戏用户达5.09亿人。2020年我国未成年网民达到1.83亿人,超过10万老人日均在线超10小时。因此,在更多关注未成年人沉迷互联网游戏的同时,也要把关注老年人沉迷网络提上议程。在新发展理念指导下,管好"一小一老",促进社会健康发展,是新发展阶段文化建设和社会建设的重要内容。

培育积极健康、向上向善的网络文化

营造清朗的网络空间,必须立破并举、激浊扬清,坚持马克思主义在意识形态领域指导地位的根本制度,健全意识形态工作责任制,推动全党动手抓宣传思想工作,守土有责、守土负责、守土尽责,敢抓敢管、敢于斗争,旗帜鲜明反对和抵制各种错误观点。高度重视传播手段建设和创新,推动媒体融合发展,提高新闻舆论传播力、引导力、影响力、公信力。

营造清朗的网络空间,必须坚持社会效益优先,努力实现社会效益和经济效益的有机统一。互联网文化企业要把企业社会责任提升到促进经济和社会高质量发展、促进社会创新和文化创新的高度,积极探索使用融合科技和文化、连接传统和未来的新手段,从单纯的内容开发向更深层次的精神文化层面开发升级。

营造清朗的网络空间,要认真贯彻《决议》精神,制定内容导向、信息呈现、账号管理、舆情机制等管理办法,党委、政府、企业、学校、社区、家庭等共同治理,形成多元共治的网络空间治理格局。

【案例评析】

本文主要介绍了党的十九届六中全会通过的《决议》,明确指出意识形态的核心任务是为国家立心、为民族立魂。同时,文章也强调了网络空间对于现代社会的重要性,网络空间是亿万民众共同的精神家园,因此,营造清朗的网络空间是十分必要的。

在快速发展的经济社会和日益普及的互联网背景下,网络舆论乱象和网络文化的良莠不齐现象日益突出,甚至已经影响到人们的思想和社会舆论环境。近年来,网上低俗炒作和泛娱乐化现象屡禁不止,导致出现了流量至上、畸形审美、"饭圈"乱象等不良文化现象,占用了大量公共平台资源,不仅使网络空间的良性发展受到破坏,也对社会造成了不良的影响。

为了营造清朗的网络空间,文章提出了几个重要的措施。首先,必须健全互联网领导和管理体制,坚持依法管网治网。其次,必须加强网络空间的顶层设计和总体布局,形成内涵丰富、富有创见、系统科学的网络空间建设思想,为推进网络空间高质量发展指明方向和提供根本遵循。最后,网络空间建设是一个复杂而长期的过程,必须不断加强和改进网络空间建设,促进网络空间健康、有序、安全、稳定发展。

总之,营造清朗的网络空间对于推进国家发展、促进社会稳定和人民生活福祉具有重要的意义。各级政府、企业和个人都应该积极投入到网络空间的建设和管理中来,共同推动网络空间的良性发展,让网络空间成为一个更加清新、更加积极、更加有益的精神家园。

思考与讨论

1. 在互联网时代,传统的信息传播渠道发生了怎样的改变?这种变化对人们的思想、文化、行为方式产生了怎样的影响?
2. 网络空间是亿万民众共同的精神家园,如何在保障信息自由流通的同时,保护公民的合法权益和网络安全?
3. 在维护清朗网络空间的过程中,政府、企业和个人各有哪些责任和义务?

第二节 网络舆情:防患于未然

一、导语

网络舆情指的是网络上出现的公众舆论倾向和情绪,包括正面的和负面的舆情,它是社会公众对某一事件、问题或人物等的观点、态度、情感等的综合表达。网络舆情具有时效性、广泛性和反应敏感性等特点,可以在短时间内迅速传播并对社会产生较大的影响。

网络舆情的产生和传播受到多种因素的影响,如事件本身的性质、舆情发生的时间和形式、媒体和公众的关注度等。网络舆情也会受到政府和企业等机构的引导和干预,他们可能通过发布正面宣传、加强危机公关,以及使用舆情分析工具等手段来影响网络舆情的走向。

与传统媒体舆情不同的是,网络舆情更加分散和复杂,难以准确把握,也难以通过传统的舆情监测手段来分析和预测。因此,现在已经出现了一系列的网络舆情分析工具和服务,这些工具和服务不仅可以对网络舆情进行实时监测和预警,还可以提供舆情分析报告和建议,以指导政策制定和舆情引导。

网络舆论与新闻报道之间存在紧密的联系和互动。

首先,新闻报道是网络舆论的重要来源之一。随着互联网技术的发展和普及,越来越多的新闻事件通过网络进行传播,网民们在互联网上获取新闻资讯的渠道也越来越多样化。同时,互联网上的新闻评论区、社交媒体等交流平台,也成为网民们发布意见、表达看法的主要场所之一。

其次,网络舆论对新闻报道的影响也日益显著。网络舆论可以对新闻事件的报道和解读产生重大的影响,尤其是当网络舆论大规模集中发酵时,往往会对媒体的报道产生巨大的压力,甚至会改变媒体的报道立场和角度。

此外,新闻媒体也越来越多地利用网络舆论进行热点话题的追踪和分析。通过对网络舆论的监测和分析,媒体可以及时了解公众的声音和反应,从而更好地把握热点事件的发展趋势和舆论导向,为自己的报道和解读提供参考。网络舆论和新闻舆论相互交织、相互关联。一方面,网络舆论和新闻舆论都是传播信息和意见的渠道,可以互相引用和借鉴;另一方面,网络舆论的兴起和发展,对新闻舆论产生了很大的影响。

网络舆论和新闻舆论的互动也影响着社会的舆论格局。网络舆论可以促进公众参与和民主表达,也可以扩大社会上的声音,减少信息垄断和主流话语的掌控。而新闻舆论则可以对社会事件进行深度分析和评价,引导公众形成理性的判断和态度。

在面临社会热点、重大事件、突发事件的情况下,新闻媒体作为传播信息的主要渠道,在网络舆情引导中起到了重要作用。由于舆论的形成总是依据一定的客观事实,舆论的存在是一种普遍现象,所以新闻媒体的功能之一就是真实地、正确地、全面地反映舆论,进而通过媒体的传播力、影响力和传播速度来引导舆论,特别是要引导公众对社会现实形成符合实际的、正向的、积极的看法和评价。在网络舆情引导中,新闻媒体的作用是不可或缺的。通过利用新媒体的优势,可以更加有效地引导网络舆情,化解危机、维护社会稳定,提升国家形象和声誉。

二、重要概念

1. 网络舆情形成的阶段

(1) 引发阶段

通常由于某些重要事件、突发事件、社会热点等引起公众关注,形成舆情热点,媒体开始报道事件,网络上开始出现相关讨论,由此引起舆情的发生。

(2) 形成阶段

舆情开始在网络上广泛传播,人们开始关注和参与讨论。网络上的讨论和言论开始聚集成为主流舆论,形成共识或者争议点。此时,媒体开始深入报道和跟进,通过传播和引导网络舆情,加强社会对事件的关注和讨论。

(3) 影响扩大阶段

舆情开始在社会上产生影响,引起了更多人的关注和参与。网络上的讨论和言论开始扩散到更广泛的社会范围,形成更为强烈的社会压力。媒体通过各种手段扩大舆情的影响力,进一步推动社会对事件的关注和讨论。

(4) 影响消退阶段

舆情的影响开始减弱,人们的讨论和关注逐渐减少。网络上的讨论也开始逐渐降温。媒体逐渐停止对事件的深入报道和跟进,舆情逐渐消退。

随着互联网和社交媒体的普及,网络舆情传播的速度和范围都得到了大幅提升。

网络舆情的影响力也日益增强,已经成为影响社会公共事件和政治决策的重要力量。因此,网络舆情与新闻舆论之间的关联日益密切,二者相互影响、相互作用,互为因果,共同构成了当代社会的舆论格局和传播生态。

2. 网络舆情引导的原则

时度效原则是新闻报道的基本原则,也可以应用于新闻媒体对网络舆情的引导中。应根据事件的不同特点和舆情发展的不同阶段,选择合适的时机、时长和措施进行引导,以达到最佳效果。具体来说,时度效原则包括以下几个方面:

(1) 时——时机选择

在舆情发展的不同阶段,选择合适的时机进行引导。对于突发事件,应立即进行舆情引导,以尽早稳定舆情;对于长期持续的舆情事件,则需要在适当的时机进行引导,避免引起过度干预和反弹。

(2) 度——尺度和力度

尺度指的是舆情引导的程度和范围,舆情引导者需要合理把握引导力度和范围,既不能过度介入,影响民意自由表达,也不能过度放任,导致舆情失控。力度则是指舆情引导者所采用的方式和手段的温和与强硬程度。需要根据舆情的特点和受众的情况,选择恰当的引导方式和手段。同时也需要根据舆情的发展变化,适时进行调整和引导,避免舆情失去控制。

(3) 效——注重引导效果

在网络舆情引导中,需要不断关注引导效果,及时调整引导策略,确保引导效果达到预期。同时,还需要考虑引导的长远效果,不能只顾眼前,而忽略了长远利益。在舆情引导的过程中,需要根据事件特点和舆情发展的不同阶段,选择合适的引导措施,以达到最佳效果。例如,对于负面事件可以通过增加正面报道来缓解负面影响,对于热点事件可以通过适度引导来平衡公众情绪。

新闻媒体进行网络舆情引导的时度效原则是一个综合性原则,需要根据具体情况进行具体分析和处理,以达到最佳效果。

3. MJSI 指数

MJSI 指数是衡量网络上单一舆情事件热度的综合指标,是针对互联网舆情监测与分析的一种综合指数。它是基于大数据技术和自然语言处理算法对社交网络、新闻媒体、论坛、博客等互联网平台上的海量文本进行采集、筛选和分析,从而得出的一个综合评估指数。该指数可以反映出某一时期内社会大众的情感倾向和态度,对于政府、企业和社会机构等有着重要的参考价值。

MJSI 指数采用了一系列的文本分析算法,能够对互联网舆情中的情感信息、事件信息、关键词等进行提取和分析,从而得出一个数值化的指数。该指数一般是在一个数轴上,以零点为中心,正数表示积极情绪比消极情绪多,负数表示消极情绪比积极情绪多,数值的大小则表示情感倾向的强度。这种指数对于政府、企业和社会机构等了解公众对于某个事件或者话题的态度、情感倾向、舆情走向等有着较高的参考价值,也可以用于舆情风险评估和危机应对。

三、案例导读

◇ 案例 2

2023 舆情事件:直播带货乱象不止　售假治理需多方合力

来源:上观新闻,2023-04-27

2022年以来,各地公安、市场监管等部门已查处多起通过直播平台售假案件,其中不少案件涉案金额超过千万元。中消协发布的《2022年"双11"消费维权舆情分析报告》显示,直播销售乱象成为消费者维权焦点之一,假冒伪劣、货不对版、优惠差异等是主要问题。舆论认为,消费者在直播间购买到假货时更容易面临取证难、维权难等问题,一些消费者的隐忍无形中又助长了不法商家"顶风作案"的气焰。

各大媒体发布新闻引导舆论,从以下几个方面提出建议:

首先,从根本上看,需要完备的法律法规以提高违法成本。有关部门应秉持对假货"零容忍"的态度,严肃查处直播带货中的违法行为,对带货主播、直播平台形成强有力的震慑。

其次,各类平台也需强化自我管理、压实监管责任;商家和主播要坚守职业道德、增强社会责任感。

再次,消费者也要提升自我保护意识和风险防范能力,避免盲目冲动,做到理性消费。

【案例评析】

从舆论引导的角度来看,各大媒体针对直播乱象的报道正确引导了公众对直播带货行业的认知,揭露了直播带货行业存在的问题,让公众更加清楚了解直播带货的乱象。这有助于引导公众在购买商品时加强风险意识,提高消费者的权益保护意识。

各媒体的新闻报道对于行业规范的建立提出了建设性建议,例如推出国家标准、设立行业协会、加强监管等。这些建议有助于引导直播带货行业走向规范化、有序化,促进行业的健康发展。对于头部主播的点名曝光,对于行业中的非法乱象进行舆论约束和惩戒,能够提高行业整体声誉,促进行业更加健康发展。

总之,从舆论引导的角度来看,上述相关报道正确引导了公众对直播带货行业的认知,提出了建设性建议,有利于提高行业整体声誉,推动行业健康有序发展。

思考与讨论

1. 新闻媒体在报道直播带货行业时,如何利用舆论引导公众对行业有正确的认识,推动行业的健康有序发展?

2. 对于直播带货行业的规范化建设,媒体提出了哪些建设性建议?这些建议如何促进行业的健康发展?

第三节 网络暴力:谨防暗"键"伤人

一、导语

网络暴力是一个新兴的社会问题,随着互联网的普及和社交媒体的发展,网络暴力事件越来越多,对社会秩序和人们的心理健康产生了不良影响。网络暴力的危害不仅对个人的身心健康造成伤害,也对社会和谐稳定产生负面影响,甚至有可能导致悲剧的发生。

在新媒体环境下,人们可以很容易地通过网络平台发布和传播信息,而这种信息传播方式的匿名性、便捷性和广泛性等特点,为网络暴力的产生提供了条件。

网络媒体作为信息传播的平台,具有快速、广泛、低成本的特点,使得那些原本无法在传统媒体上发声的人群得到了表达自己意见的渠道。然而,这种低成本、低门槛的信息传播方式也意味着信息的真实性和可信度难以保证,容易让一些不负责任、缺乏公德心的人在网络上随意发布不实言论和攻击性言论。

这些现象的存在,使得网络暴力事件的发生难以避免。为了减少网络暴力事件的发生,我们需要在新媒体环境下对网络暴力进行有效的引导和管理,包括强化个人信息保护、加强网络监管、提高公众的网络素养和引导媒体的舆论导向等。

新闻媒体在预防网络暴力中发挥着重要的作用。首先,新闻媒体应该加强对信息的真实性和可信度的审核,避免不实言论和攻击性言论的传播。其次,新闻媒体可以通过引导舆论、传递正能量的方式来减少网络暴力事件的发生。这需要新闻媒体在报道事件时,避免过度渲染和煽动情绪,同时注重传递正能量和积极信息。此外,新闻媒体还可以借助自身的影响力和公信力,加强公众的网络素养教育,引导公众正确使用网络,防范网络暴力事件的发生。

针对网络暴力事件的具体报道,新闻媒体需要遵循公正、客观、平衡的原则,避免过度渲染和煽动情绪。在报道网络暴力事件时,应当对事件的性质、起因和后果进行客观、全面的报道,同时提供专业的解析,以避免误导公众。此外,新闻媒体还应当通过多种形式进行舆论引导,加强对网络暴力事件的舆论监督和引导,引导公众关注事件的正义性和合法性,倡导平等、理性、文明的网络交流方式。

总之,预防网络暴力需要全社会的共同努力。新闻媒体在其中扮演着重要的角色,应当充分发挥自身的作用,加强对网络暴力事件的报道和引导,推动网络舆论健康发展。

二、重要概念

1. 网络暴力

网络暴力是指通过网络和网络社交媒体等在线平台,对个人或组织进行语言、文字、图像等形式的攻击、谩骂、诽谤、侵犯隐私等行为,造成对方精神或情感上的伤害和困扰的一种行为。网络暴力行为的表现形式多样,包括网络欺凌、网络谩骂、网络诽谤、网络抄袭、网络人肉搜索等。

2. 如何预防网络暴力

(1) 强化个人信息保护

网络暴力往往涉及个人隐私的披露和侵犯,因此加强个人信息的保护至关重要。个人用户应该提高自身的信息安全意识,不轻易将个人信息泄露给不可信的网络平台和个人。

(2) 加强网络监管

政府部门应该加强对网络平台的监管,规范网络空间的秩序和规则,遏制网络暴力事件的发生。此外,网络平台也应该建立完善的监管机制和投诉机制,及时处理用户的举报和投诉。

(3) 提高公众的网络素养和引导媒体的舆论导向

公众应该提高自身的网络素养,增强对不实言论和攻击性言论的辨别能力,不随意转发和传播未经证实的信息。同时,媒体也应该加强对网络暴力事件的报道和舆论引导,倡导理性、文明、健康的网络文化,减少网络暴力事件的发生。

3. 网络暴力的媒体引导机制

网络暴力的媒体引导是指媒体在网络暴力事件中的作用和影响。新闻媒体是社会公共信息传播的主要渠道,具有重要的舆论引导作用。当网络暴力事件发生时,媒体的报道和评论可以对事件的进一步发展和舆论氛围产生重大影响。

首先,媒体的报道和评论可以引导公众对事件的认识和评价。媒体对网络暴力事件的报道可以揭示事件的真相和背景,传递公正的价值观和法律观念,引导公众正确看待事件。同时,媒体的评论可以对事件进行进一步解读和评价,影响公众的舆论态度和行为。

其次,媒体的引导可以影响政策制定和执法行为。当网络暴力事件引起公众广泛关注时,政府和执法部门可能会受到媒体的舆论压力,采取相应的行动。媒体对事件的关注度、报道方式和评价角度等,可以影响政府和执法部门的决策和行动。

最后，媒体的引导还可以影响网络暴力事件的后续处理和纠正。媒体的持续关注和跟踪报道，可以促使相关部门对事件进行深入调查和处理，以维护社会公平正义和公共安全。新闻媒体在网络暴力事件中的报道和评论，不仅是事件的记录和呈现，更是社会公共信息传播和舆论引导的重要组成部分，具有重要的媒体引导作用。

三、案例导读

◇ 案例3

高三女生百日誓师遭网暴，87个账号被处置

来源：《新民晚报》，2023-03-01 （有删减）

日前，某中学举行高考冲刺百日誓师大会，一名高三学生代表激情澎湃的发言燃爆全场。

"没有人是生来的弱者，没有人是命定的草芥，我们可以不成功，但是我们绝对不能后悔，早上6点的校园真的很黑，但600多分的成绩真的很耀眼……"

听到这些话语，很难不被鼓舞。

但有网友的关注点却走偏，全程都盯着她的表情，有人说她咬牙切齿的样子难看，一些评论格外刺耳……

对于女孩的仪态、表现，也有其他的网友表达不同看法，"文静也好，中二也好，歇斯底里也好，都是这个年纪孩子的正常状态"。

3月1日上午，该中学一负责人表示，当天的誓师大会，女生作为高三代表上台发言。有当地媒体拍摄视频并转发，在网络发酵后，"造成这么大的影响始料不及"。

"在这个特定的环境下，学生的发言肯定都是热血沸腾的，我觉得这是很好理解的事情。"这位负责人称。

据悉，学校已第一时间联系孩子家长，并对孩子进行了心理辅导。这位负责人表示，发言的女生是文科生，在学校表现优异，性格开朗。网暴对她的情绪有所影响，但目前心态已经稳定。

县教育局工作人员称，因为学校介入比较迅速，目前孩子一切都恢复正常，正在积极备战高考。此外，当地网信和公安部门也已介入调查。

2月28日，据@微博管理员消息，"一高中学生百日誓师演讲"网络视频在多平台引发关注讨论，有个别网友借机发布恶意调侃甚至人身攻击未成年人的言论。

对此，站方深入排查站内相关违规内容并予以严肃处置，共清理相关违规内容116条，并对87个违规账号视程度予以阶段性禁言的处置。

【案例评析】

从新闻从业人员如何预防网络暴力的角度来看，该材料强调了及时介入和处理的重要性，这也是预防网络暴力的重要一环。同时，该新闻也提到了网络平台对违规账号的处理,这也是一个预防网络暴力的重要手段。从这起网络暴力事件来看,它带给新闻从业人员及学习者更多的思考。

新闻报道应该如何平衡报道的内容?在报道这起事件时,新闻媒体需要权衡女生的演讲内容和网友对其外貌的攻击之间的平衡。新闻媒体应该将重点放在女生的演讲内容和事件的本质上,而非过多强调网友的攻击,以避免进一步放大网络暴力的影响。

新闻媒体是否有责任对网络暴力事件进行深入的调查和报道?显然,新闻媒体应该对网络暴力事件进行深入的调查和报道,揭露出事件的根源和原因,以及对受害者的影响。同时,新闻媒体也应该为受害者提供更多的支持和帮助,以减轻他们的心理负担。

如何更好地预防和遏制网络暴力事件?这可能需要从多个方面入手,例如提高公民的网络素养,加强相关法律的执行力度,加强教育和心理咨询等方面。

如何应对和处理网络暴力事件?这包括寻求帮助和支持,学习如何有效地回应和反击网络暴力,以及维护自己的权益和尊严。同时,也需要引导公众学习如何保护自己的网络安全和隐私,避免成为网络暴力的受害者。

思考与讨论

1. 如何引导网络舆论,使其能够发挥正面作用,增加公众的理性认知和有序参与?
2. 如何识别和遏制网络暴力,避免其对受害人和社会造成不良影响?
3. 媒体在报道网络暴力事件时应该采取哪些策略,以平衡新闻价值和个人隐私权的冲突?
4. 如何避免自己成为网络暴力的受害者?遇到网络暴力的情况时应如何应对?
5. 如何提高公众的网络素养和媒体素养,进而促进网络空间的风清气正?

第七章 07

国际形象宣传典型案例

第一节　全球化背景下讲好中国故事

一、导语

在全球化深入发展,多元文化交融的背景下,国际社会对中国文化的关注与认识程度不断提高,同时,全球经济、政治、文化等方面的竞争与合作也在不断加剧。近年来,中国的国际地位不断提升,正史无前例地走近世界舞台中央,为对外传播工作创造了契机。中国的国际形象和文化传播备受各界关注,用新媒体讲好中国故事既是积极回应国际关切的要求,也是引导国际舆论导向,扩大国际影响力,传递中国的核心价值观、文化认同和发展理念的需要。

那么,在全球化背景下我们需要讲好什么样的中国故事?

首先,我们需要讲好中国的历史和文化故事。中国是一个拥有五千年文明史的古老文明国家,拥有丰富的文化遗产,这是中国的独特之处,需要用正确的方式加以呈现。通过讲述中国的历史、传统文化、哲学思想、美术、音乐、舞蹈等方面的故事,让世界更好地了解中国的文化底蕴。

例如,在全球化的背景下,中国的文化遗产受到了更多的关注和重视,数字化技术为文化遗产的保护和传承提供了新的手段和平台。故宫博物院通过数字化技术,将丰富的文物藏品数字化展示,通过互联网让更多人了解和感受故宫的文化底蕴,吸引了来自全球不同地区的游客。此外,中国还在积极推进数字文化创意产业的发展,不断推出具有中国特色的数字文化产品和服务,促进中外之间的文化交流与合作。

其次,我们需要讲好中国的发展故事。中国是世界上最大的发展中国家之一,近年来取得了举世瞩目的成就。从改革开放到现在"两个一百年"奋斗目标的全面推进,中国的发展之路充满着机遇和挑战,需要用生动的语言和鲜活的案例来展示中国的发展成就,让世界更好地了解中国的发展经验和智慧,增进中外之间的互信与合作。

最后,我们需要讲好中国的未来故事。在新的历史时期,中国正处于从"大国"向"强国"转型的关键时期,未来充满着希望和挑战。我们需要用富有想象力和创意的方式,讲述中国的未来蓝图,阐述中国在全球治理、气候变化、数字经济、文化创意等方面的愿景和责任,让世界更好地了解中国的未来发展方向和构想,增进中外之间的共同愿景与合作。

在全球化的背景下,创新对外宣传方式,运用新闻媒体增强中国的国际话语权及传递中国特色的价值理念,都需要讲好真实、客观、全面的中国故事,以促进中外之间的相互理解、尊重与合作。

阅读材料:十八大以来习近平总书记关于国际传播的相关论述

——创新对外宣传方式,加强话语体系建设,着力打造融通中外的新概念新范畴新表述,讲好中国故事,传播好中国声音,增强在国际上的话语权。(2013年8月19日,习近平在全国宣传思想工作会议上的讲话)

——坚持正确舆论导向,高度重视传播手段建设和创新,提高新闻舆论传播力、引导力、影响力、公信力。(2017年10月28日,习近平在中国共产党第十九次全国代表大会上的报告)

——必须加强顶层设计和研究布局,构建具有鲜明中国特色的战略传播体系,着力提高国际传播影响力、中华文化感召力、中国形象亲和力、中国话语说服力和国际舆论引导力。(2021年5月31日,习近平在十九届中央政治局第三十次集体学习时的讲话)

——坚守中华文化立场,提炼展示中华文明的精神标识和文化精髓,加快构建中国话语和中国叙事体系,讲好中国故事、传播好中国声音,展现可信、可爱、可敬的中国形象。(2022年10月16日,习近平在中国共产党第二十次全国代表大会上的报告)

评析:

国际传播能力的建设是一个系统性、长期性、战略性的工程,而我们党历来就有高度重视对外传播工作的传统。坚持讲好中国故事、传播好中国声音,是党的十八大以来全党宣传思想工作的重要理论创新,是做好新形势下对外宣传工作的根本遵循。习近平总书记在多个场合提及国际传播能力建设,对广大新闻工作者提出明确的要求指引,具有现实性、急迫性和针对性,需要我们更加积极主动作为,在全球化背景下共同推进讲好中国故事这一目标的实现。

二、重要概念

1. 国家形象

国家形象指国家的外部公众和内部公众对国家本身、国家行为、国家的各项活动及其成果所给予的综合性的印象和评价,包括对其综合实力、社会制度、国家发展、国际地位等各方面的评判,是一个国家整体实力的体现。国家形象应主要围绕国家形象标识、国情综合形象、政府形象、历史形象、文化形象和国民素质等核心要素进行塑造,通过各种传播策略进行立体传播。一国的国家形象从根本上说,取决于该国的综合国力及其在国际事务中所扮演的角色、所起到的作用等,但从某种程度上讲,一国国家形象的好坏与传媒的长期报道作用于人们头脑中所形成的印象有很大的关系。当今越来越多国家意识到国家形象建构和传播的重要性,都在努力提升自己的国家形象。

2. 国际传播

国际传播是以国家为主体进行的信息交换活动,可以分为广义和狭义两大类。广义的国际传播包括所有的国家与国家之间的外交往来行为(如国家领导人会晤、首脑互访、双边会谈、地区间峰会以及其他相关事务等),是随着国家的出现而出现的一种正式交往活动。狭义的国际传播是以国家为单位、以大众传媒为载体的,随着大众传媒的出现和发展以及信息全球化的逐步展开而兴起的,在大众传播基础上所进行的国与国之间的传播。

国际传播与国家利益直接关联,传播过程带有明显的政治倾向性和意识形态色彩,主要传递对象是具有政治性的国家、民族和国际组织。相较于全球传播,国际传播更强调国家的概念和信息主权。

3. 跨文化传播

美国人类文化学者爱德华·霍尔(Edward Twitchell Hall Jr.)在《无声的语言》中首创了"跨文化传播"一词,萨默瓦(Larry A.Samovar)和波特(Richard E.Porter)在《跨文化传播》中为"跨文化传播"下了定义,认为其广义概念是指属于不同文化体系的个人、组织、国家之间的信息传播与文化交流活动,包括国际传播;而狭义上的跨文化传播就是跨文化人际传播,是以不同文化背景下的文化主体——人或族群的相互作用作为研究的核心和重点。跨文化传播的核心是具有明显差异的文化观念和表征体系的人们所进行的相互交流,这种差异对传播活动的形式、渠道、内容和结果会产生很大影响。

跨文化传播包括三个要素:认知要素、言语语言和非言语语言。

(1) 认知要素

包括文化价值观、世界观、社会组织。最直接影响跨文化传播的文化价值观主要涉及个体、家庭、宗教、唯物主义、人性、科学技术、性别、自然与环境以及人际和谐等。此类要素会左右人们观察世界的方法和行为规范,从而影响认知和传播。

(2) 言语语言

言语不仅是一种保存文化的形式,也是一种分享文化的手段。在不同的文化中,表达同一事物的语言所采用的符号和传递的意义是不同的,对此不同的文化会产生不同的反应。人们使用语言的方式也因文化的不同而各有差异,即使生活在同一地域的人使用语言的方式也会有别于主导文化。

(3) 非言语语言

非言语传播中人的身体行为、身体动作、面部表情、时间的概念以及空间的使用等均会因为传播主体和接收者文化背景不同而产生不同的形式和理解,从而传递出不同的信息。这在很大程度上也体现了不同文化的深层结构和价值体系。

4. 国际话语权

法国思想家米歇尔·福柯(Michel Foucault)1970年在《话语的秩序》中最初使用

了"话语权"一词。话语权与军事、经济等物质性权力一样，本质上是权利（right），又是一种精神力量（power）的展现。国际话语权既可以用来表示一个国家在国际社会的总体性的话语权份额，也可以用来指国家在单个层面、单个问题领域的话语权状况，如地区安全、网络规则、环境保护、政治制度等问题上的话语权竞争情况。国家实力与国际话语权息息相关，中国并不缺乏国际表达的自由权利及其合法途径，而急需加强国际话语权建设。

三、案例导读

◇ 案例 1

向世界讲好人民战"疫"的中国故事

来源：人民网，2020-02-13（有删减）

全球化，既包括跨国公司协同合作推动全球生产发展，也包含各国民众并肩携手共同抗击各种风险。在2020年抗击新型冠状病毒肺炎（NCP）的过程中，中国媒体不仅全力做好国内的宣传报道，而且及时面向国外通报疫情发展实情，引发世界民众共情，对海外舆情有针对性地进行回应，用多种形式向世界讲好人民战"疫"的中国故事。

及时公开疫情赢得全球信任

与17年前SARS疫情暴发时情况不同，中国更加受到来自全球的关注，海外人士也能够从多种渠道实时了解新冠肺炎疫情的发展和中国政府、人民采取的防控措施，公开发表个人的关切与观点，全程媒体、全息媒体、全员媒体、全效媒体的特征显著。基于融合发展积累的经验与能力，中央各主要新闻单位以公开、透明的姿态积极对外发布疫情信息，得到各国人士的认同与信任。

对于传染性病症，人们最关心的就是其传播速度和对人们的伤害程度。针对海内外公众有关新冠肺炎的普遍焦虑，《人民日报》、新华社、中国国际电视台（CGTN）等媒体利用多语种的对外传播渠道对内、对外同步发布疫情数据，以及时、详实的数据回应关注，也展现了中国政府与人民直面问题的决心和信心。

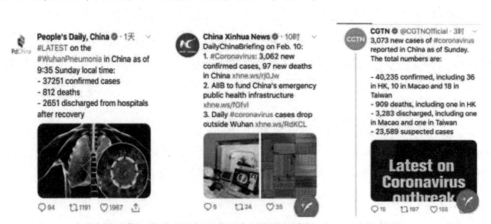

《人民日报》、新华社、中国国际电视台推特英文账号对疫情报道

根据国际传播领域移动化、社交化、可视化的趋势,中国主流媒体在公布客观、详实的疫情数据基础上,还制作了大量的可视化内容,在境内和海外社交媒体平台上广泛发布,帮助各地用户更加直观、方便地了解情况。如中国网英、法、德、俄、阿、日、西等外文版均制作独家策划,并推出图表稿件《新型冠状病毒感染肺炎信息图》,以图表形式解说新冠肺炎的名称、预防方法、国家采取的相关措施等。CGTN在利用推特英文账号进行每日疫情数据发布时,经常配上制作精良的曲线图表。这些报道让相关信息一目了然,增强了可读性。短视频也成为各家媒体对外报道标配。

以打动人心的共情汇聚抗疫合力

中国人民在抗疫过程中显示出的勇气与美德不仅属于中国,也属于世界。在对新冠肺炎疫情的对外传播过程中,各家媒体强调在全球格局下讲述中国政府和民众与疫病的斗争,发掘引发全球受众共鸣的动人故事,展现世界各国、各界人士对中国人民战"疫"的支持,将人类命运共同体的理念融入报道之中。

在抗"疫"工作中,医护人员是风险最大、付出最多、也最受人们敬仰的群体。各家媒体通过对中国医护人员"最美逆行"、凡人大爱事迹的介绍,引发各国民众发自内心的情感共鸣。《人民日报》在推特英文账号上发布的一段不足十秒的短视频,记录了在火神山医院采访的记者体验了一线医护人员的辛劳,脱去防护服后从两袖挤出成注的汗水,有近4万次浏览、近千次点赞、近300次转推。CGTN在图片墙(Instagram)的英文账号发布了浙江某医院护士陈颖与未婚夫隔着窗与口罩的动情一吻和陈颖面庞被防护装备压出的"最美"印痕,赢得了来自各国网民超过1000次的点赞和美好祝福。

人民网、《人民日报》、CGTN海外社交媒体账号关于医护人员的报道

在抗"疫"中,各国民众对中国的支持不仅仅是精神上的,还有物资和技术支持。各家媒体在对外传播中注意对此类事件进行报道,如,CGTN报道了俄罗斯为武汉运送抗"疫"物资、英国帝国理工学院在中国分享数据的帮助下积极研发新型抗新冠病毒疫苗。中国网德文版在得知德国专家希尔根菲尔德携抑制剂来中国后,第一时间联系到该专家并进行专访,发布德文稿件《德国病毒专家:抑制剂目前正在测试,与中方将进行

合作》，专家表示相信中国政府的措施一定会对疫情的遏制发挥作用，疫情会在不久后得到控制。这些报道说明，中国不仅为防止疫情向全球蔓延作出了自己最大的努力和贡献，也收获了来自全球各方的关爱和支持，成为抗疫信心与力量的重要来源。

有的放矢回应关切批驳谬误引导舆论

世界本来就是多样的，也是复杂的，在国际格局深刻调整的时刻，围绕中国暴发新冠肺炎疫情，也必然会出现杂音与噪音，一些国家也对中国疫情产生了过度反应。针对错综复杂的舆论，中国主流媒体缜密分析，沉着应对，有理、有利、有节。例如，CGTN的主持人刘欣专门制作了一期《观点》节目，梳理了部分国家媒体借新冠病毒肺炎对中国发表的带有种族主义色彩的言论。CGTN多名记者和主持人还应国外电视媒体邀请接受访谈或参加节目，批评部分国家对华错误观点，说明中国政府和人民为了控制疫情所作出的努力和付出的代价。

人民网外籍专家石斐然针对部分国家和地区出现的排斥中国人的事件撰写英文评论文章——《我们对抗的是病毒，而非彼此》，对这些丑陋的行为进行批驳。该文及相关视频在人民网英文版PC端和"看见中国"脸书英文账号发布，受到海外关注，仅在脸谱的阅读量就超过2.5万。

【案例评析】

人民网作为我国的主流媒体之一，对于向世界传递人民战"疫"的中国故事扮演着重要角色。在这场没有硝烟的战争中，中国政府、医护人员和全体民众齐心协力，展现出了中国人民众志成城、抗击疫情的坚强意志和敬业精神。人民网在宣传这一故事的过程中，不仅客观真实地报道了疫情的进展和防控措施，还从多个角度和维度深入分析、评论，让世界更好地了解和认识中国的抗疫精神。

人民网在宣传人民战"疫"的中国故事方面，做到了及时、准确、全面地报道疫情进展。疫情突然暴发时，人民网迅速建立了专门的疫情报道团队，24小时全天候跟踪报道疫情进展，发布权威的疫情数据和防控政策，为民众提供及时、准确的信息。同时，人民网还与多家海外媒体合作，共同关注疫情，推动国际社会对中国的支持和关注。

在此次疫情中，人民网紧密结合实际情况，通过多种新闻报道形式，让国内外读者更加深入地了解中国在疫情防控期间的防控措施和抗疫成果，展现了中国政府高效、科学应对疫情的决心和能力，同时也向全球传递了中国对世界公共卫生安全的坚定承诺。

人民网向世界讲好人民战"疫"的中国故事，为加强国际社会对中国的理解和信任作出了积极的贡献，也让更多的人认识到，作为世界第二大经济体和最大的发展中国家，中国始终秉持负责任的态度，积极参与全球公共事务，为全球疫情防控和经济复苏作出了重要贡献。

思考与讨论

1. 新时代我国国际传播的整体格局和国际传播特点是什么？

2. 如何理解"讲好中国故事,传递好中国声音"?

3. 结合习近平总书记关于提升国际传播"五力"的要求,谈谈新闻工作者如何将其运用到自身的新闻实践中。

4. 国际传播学专家罗伯特·福特纳认为:"从某种意义上说,所有的国际传播都具有政治性,都带有政治色彩,政治因素更是其本质。区别只在于,有的是公开的政治传播,有的是隐含的政治传播。"在此次抗击新冠肺炎疫情中,新媒体平台传播的"中国故事""中国模式"有何特性和共性,与以往的中国故事相比有何创新和可取之处,对今后加强中国新媒体新闻的国际话语权有何启示?

第二节 从讲好中国故事看新媒体文化传播

一、导语

《全球传播生态蓝皮书:全球传播生态发展报告》(2018)指出,随着国际社会政治、经济、文化格局的变化,借助新媒体技术,国际传播格局开启了宏大的战略转型,全球传播"西强东弱"的总体格局已有所变化。全球信息传播系统的生成,极大地改变了以往由少数发达国家主导和垄断的国际信息格局,为我国改变话语权旁落的情况,在对外传播中输出核心价值观、阐释好中国梦的世界意义提供了机遇。

随着互联网、社交媒体等新媒体技术的不断发展,文化传播方式正发生翻天覆地的变化。通过新闻报道、影视作品、社交媒体等渠道,可以更加生动、全面地展现真实、立体、全面的中国形象,增进国际文化理解与沟通交流。目前我国在讲述中国故事的过程中已经取得很大进展,不难发现,尽管网民的群体差异化明显,但在面对关乎民族利益和国家形象的重大事件时,总能够凝聚起最广泛的社会认同,激发强烈的民族认同感和共同体意识。

国际传播是一个"编码—解码"的过程,旨在通过促进信息的交流,以达成传受双方的共识。正如斯图亚特·霍尔提出受众对信息通常有三种解读方式:对抗式解读、协商式解读及主导式解读。我们在对外传播的过程中应努力达到第三种传播效果,让受众以编码者预设的意义来解读讯息,制码的意图和解码所得到的意义完全一致,才能真正讲好中国故事。而当前我国在国际传播工作存在忽略国际文化差异的问题,在宣传手法上缺少跨文化传播的意识、策略和技巧,这使得西方国家的信息接收者在"解码"过程中出现了理解偏差,通过构建自己的策略性叙事影响国际舆论走向,从而导致我国的真实国家形象与西方国家的主观印象之间出现"反差",极易使对象国受众产生"对抗式解读"。

二、重要概念

1. 编码—解码

英国文化研究之父斯图亚特·霍尔在《电视话语中的编码和解码》一文中提出了"编码—解码"理论,它是传播活动中符号与信息之间相互转化过程中的两个要素。具体来说,编码是指传播者将信息转化为便于媒介载送或受众接受的符号或代码的过程,在大众传播中,这一过程表现为传播从业者采集、编辑、制作传播内容的活动;解码是指受传者将接收到的符号或代码还原为传播的信息的过程。编码与解码过程中,会受到编码者和解码者的世界观、价值观、文化和知识水平等个人因素影响,且受到传播过程的文化、社会环境、媒介渠道质量等外部因素的影响。因此,传播过程具有双重偶然性,传受双方必须有共通的意义空间,才能成功地传递意义和信息。

2. 传播障碍

传播障碍是传播过程中出现"信息不对等"的一种失衡表现。广义的传播障碍可以定义为信息在传播全过程中所遇到的阻力或损耗,狭义的传播障碍则是指人为制造的传播障碍。传播障碍包括结构与功能障碍,如传播制度是否合理、传播渠道是否畅通、信息系统的各部分的功能是否正常等等。传播障碍的存在会造成社会成员的认知、判断、决策和行动的混乱,带来一系列的社会问题,这些问题如果不及时解决,会影响社会和谐和正常发展。

3. 文化折扣

文化折扣又称"文化贴现",最早由加拿大学者霍斯金斯(Colin Hoskins)和米卢斯(R.Mirus)1988年在《美国主导电视节目国际市场的原因》一文中提出,是指因语言、文化背景、历史传统、价值观等等差异,国际市场中的文化产品在进入他国市场后不被认可而导致其商业文化价值的降低。任何文化产品的内容都源于某种文化,因此对于那些生活在此种文化之中或是对此文化比较熟悉的受众有较大的吸引力;但由于文化差异和文化认知的不同,受众在接受不熟悉的文化产品时,其兴趣、理解能力等方面都会大打折扣。在国际传播中,文化折扣往往被认为是较难实现有效传播的症结所在。

4. 文化认同

认同发生在不同的文化接触、碰撞和相互比较的场域中,是个体或群体面对另一种异于自身存在的东西时,所产生的一种保持自我同一性的反应。"文化认同"是人们在一个民族共同体中长期共同生活所形成的对本民族最有意义的事物的肯定性体认,其核心是对一个民族的基本价值的认同,是凝聚这个民族共同体的精神纽带,是这个民族共同体生命延续的精神基础。因而,文化认同是民族认同、国家认同的重要基础,而且是最深层的基础。在当今经济全球化的时代,作为民族的认同和国家的认同的重要基础的文化认同、价值认同不仅没有失去意义,还成为综合国力竞争中最重要的"软实力"。

三、案例导读

◇ **案例 2**

在短视频时代讲好文化故事,李子柒是个参考答案

来源:《光明日报》,2021-02-04

中国短视频博主李子柒的海外粉丝量又创新高。2月2日吉尼斯世界纪录官微发文宣布,李子柒以1410万的YouTube订阅量刷新了该视频网站"中文频道最多订阅量"纪录。

2019年12月,这位叫李子柒的女孩在互联网上走红。相关微信公众号文章在不到一个月的时间内达到了64 000条,"李子柒"这三个字的组合迅速进入输入法。人们追索她的信息发现,近几年来,她在B站、微博、微信都有庞大粉丝群,在海外视频网站上的粉丝数量一度与CNN(美国有线电视新闻网)不相上下。有意思的是,此次被刷新的吉尼斯世界纪录,就是她半年前的数据。

随后,她的名字反复在舆论场沉浮,她带来的文化现象被多个角度讨论,而且讨论的质量明显超出了一般性的公共讨论。如果说一年多来有什么变化,那就是最初关于她的视频是否"真实生活"的纠结逐渐消散了,对她背后团队运作的质疑式微了。更关键的是,这种消失不是因为问题有了"是"或"不是"的答案,而是因为问题本身被取消了。

也就是说,随着短视频时代的降临,尤其是新冠肺炎疫情下线上生活方式的快速覆盖,人们对短视频意义上的"真实"有了新的认知。人们逐渐接受,移动社交中的博主、UP主、加V者背后,有着机构媒体一样的严谨团队,"意见"和"观点"是充分考虑过目标读者、数据判断和IP形象后的推送。同样的道理,短视频风靡的原因,恰恰不是因为原生态的、粗糙的真实,而是经过精准镜头叙事的理想的真实。因为对普通人的生活元素进行了抽取和再次组合,它们像VR全景设备一样,让人们感受到了比肉眼所见更真实的"真"与震撼。

可以这样概括短视频的特征:非虚构和故事性。这两个在传统创作意义上矛盾的词汇,恰好形成了短视频的关键吸引力。在短视频时代,讲好文化故事、有效输出文化,需要充分借助这样的媒介特征。可以看看李子柒的文化美食视频是如何运用这个特征的:

它们选取中国乡村场景,长镜头展示主人公劳作景象,这是非虚构性;同时,它们编辑了乡村的部分视觉元素,通过主人公的行为——修竹、采笋、酿酒、制衣等等,形成了一种建构性的田园叙事,这种叙事既不属于哪个具体地方,甚至也不属于哪个真实的时间。但恰恰是没有具体地点,它构成了"家乡"的印象;因为模糊了具体时间,它被受众

看成了中国乡土文化生活的真实表达,而后者本来是分散在延展的历史中的。

如同李子柒短视频刚兴起时主流评论所表达的,这是一种以民间方式传递中国文化的好方式。一年多后再来看,这种方式和其背后的短视频媒介规律,也应该在讲述文化故事、中国故事中充分运用起来,毕竟视觉传播已经是不可逆的大势。大主题短视频往往失之于"急于讲道理",而这种"急",既和短视频特征中的"非虚构"冲突,也和故事性冲突,反而容易阻滞传播。因此,越是讲文化故事的短视频创作,越要表达一种松弛的、生活的真实,需要从一定程度上抛却目的性、克制表达欲,并从故事上琢磨。

单个创作之外,更基础的是关注和鼓励短视频平台的优秀原创者。因为文化交流的立体化,在任何社会里,都依赖于艺术语言的丰富、创作者的精神优裕。主流平台可以依据对方的兴趣点和短视频创作者建立联结,擅长国风动画的鼓励其形式,喜欢二次元形式的鼓励其选择价值主题,倒不必求大求全、严丝合缝。互联网时代万物生长,自己"长"出来的创作者们,已经不自觉地率先摸索新媒介的特征,只是还来不及形成研究、进入知识。这个课题,留给了文化建构的思考者。

李子柒在海外短视频平台 YouTube 账号首页

【案例评析】

《光明日报》的新闻评论《在短视频时代讲好文化故事,李子柒是个参考答案》是一篇从讲好中国故事的角度出发的深度分析文章。该文指出,李子柒在短视频领域所做的,不仅是展示了中国的传统文化,更是借助新媒体平台向世界传递了中国的精神内核和价值观念。

该文认为,李子柒的视频中展示了中国传统文化的美丽与博大精深,体现了中国人的深厚文化底蕴和精神风貌。在她的视频中,食物、民俗、工艺、音乐等元素深刻地展现了中国的历史文化,同时也向全世界展示了中国人的生活方式和智慧。这些短视频被越来越多的人所欣赏和喜爱,也成为许多人了解中国文化的入口。

文章指出,李子柒的成功不仅在于她的艺术表现力,更在于她的作品中传达了中国人民的团结、勤劳、勇敢、自强不息的精神内核和民族价值观念。在抗击疫情的关键时期,她的视频更是向全球传递了中国人民众志成城、坚定信心的精神风貌,展现了中华民族的凝聚力和抗争精神。

在讲好中国故事的角度上,文章指出,李子柒的短视频为我们提供了一个很好的样本,通过新媒体向全球讲好中国故事,展现中华文化的独特魅力和价值。它所呈现的文化内容,不仅是中国的瑰宝,更是世界文化的财富,也是中国形象的重要组成部分。我们应该更加注重这种优秀的中国故事的宣传与传承,让更多的人了解和爱上中国文化。

该文从讲好中国故事的角度出发,深度分析了李子柒的短视频在新媒体平台上的作用,强调了她所传达的中国文化内涵和民族价值观念对于中国形象的重要性。这篇评论对于我们更好地理解讲好中国故事的意义,探索讲好中国故事的途径和方法,具有重要的启示意义。

◇ 案例3

以独特视角讲好中国共产党故事

——中国日报网《求索:美国共产党员的中国行》的实践与思考

来源:王建芬,《新闻战线》,2022-11-13

建党百年之际,中国日报网在全媒体平台推出中英文双语系列视频《求索:美国共产党员的中国行》(以下简称《求索》),引发海内外高度关注,全球传播总量超过4 500万,作品荣获第三十二届中国新闻奖国际传播一等奖。

《求索》是一部以美籍记者伊谷然视角出发,深入研究中国共产党百年历程的系列纪录片。该系列片主要围绕"人民至上""实事求是""自我革命""组织建设""治国理政"五大关键词展开,从党的"初心使命""工作方法""鲜明品格""组织架构""执政能力"五个方面设置议题,通过实地探访和立体叙述,揭示中国共产党成立100年来的成功之道。伊谷然的背景、信仰和经历为此系列片提供了真实可信的基础,他通过独特的视角,解码中国共产党如何避免历史周期率、实现百年辉煌。《求索》五集视频共约30分钟,平均每集约6分钟,视频在中国日报全平台发布后,引发海外主流媒体关注,从美联社等欧美媒体到巴基斯坦每日邮报、白俄罗斯通讯社等"一带一路"沿线国家媒体,共有100多家海外主流媒体转载报道200多次,视频吸引了近百个国家和地区的用户观看和热议,全球传播量超过4 500万。

2021年6月7日,《求索》系列视频第一集在全网各平台播出,迅速成为爆款。趁着视频热度,中国日报于6月17日举行《中国共产党为什么能?——跨越大洋的中美共产党员对话》线下主题党日活动,由伊谷然与中国日报社副总编辑、《求索》系列视频主创之一王浩,就信仰、新时代斯诺和国际传播等话题展开英文对话。鲜活生动的主题党日将党务与业务完美结合,受到全社员工的热烈欢迎。《求索》系列视频不但是线上爆款,还成为中国日报党史学习教育的优秀教材。

【作品评析】

《求索》以独特的视角和创新的方式成功宣传了中国的国际形象。制作团队通过实地走访红色圣地和广泛对话各界人士，真实展现了中国的历史文化和现代社会，从多元角度描绘出中国的全貌。在视频制作上，《求索》团队进行了多方面的探访活动。一方面，他们走进红色圣地，如一大会址、嘉兴南湖等地，进行实地体验；另一方面，与各界人士进行广泛对话，包括中共中央党校教授等研究专家、友谊勋章获得者、英国共产党（马列）名誉主席伊莎白等国际友人，以及基层党员、退伍老兵等，普通人的基层声音、专家学者的专业总结性表述、外国友人的国际角度补充，多元主体的声音让视频叙事层次更丰富，角度更全面。

其次，主人公伊谷然作为一名美国共产党员，他的独特经历和背景，拉近了与海外受众的距离。伊谷然的"海外视角"和"国际化表达"不仅帮助海外观众更容易接受和理解中国的历史和文化，同时也让中国的形象更加深入人心，他的独特经历和背景拓宽了该作品"海外视角"和国际化表达，有效拉近了与海外受众的距离，让视频内容更容易被接受和理解，兼具现实价值和理论深度。

最后，《求索》以真实、客观和全面的方式展现了中国的国际形象。如深入探访的实地风貌、多元角度的视点、海外视角的国际表达以及现实价值和理论深度的兼容并蓄，都使得这个项目在国际形象宣传上独树一帜，展现出了中国日报优秀新闻制作的高水准。在《求索》的创作中，我们看到了严谨的新闻态度、深入的实地探访、开放的国际视野，以及对历史与现实融合解读的尝试，这些都是作品成功的关键。

思考与讨论

1. 新媒体环境下，主流媒体如何更好地吸引海外年轻受众？

2. 从李子柒短视频"出海"案例，谈谈中国在对外传播中如何更好地利用新媒体社交平台塑造国家形象，提升国际影响力。

3. 以《求索》为例，谈谈如何利用新媒体平台推广中国的价值观和文化形象，新媒体如何影响国际传播的方式和策略。

第三节　融媒体时代中国故事传播与国际形象塑造策略

一、导语

融媒体是充分利用媒体载体，把广播、电视、报纸这些既有共同点，又存在互补性的不同媒体在技术、平台、内容、传播方式等方面进行全面整合，实现"资源通融、内容兼融、宣传互融、利益共融"的新型媒体。融媒体时代下传统媒体与新兴媒体实现全方位深度融合,媒体的传播形式呈现出多样化、交互性、即时性和全球性的特点,从对外传播角度来说,这是一个挑战和机遇并存的时期。自2009年以来,我国国际传播逐渐形成了"1+6+N"的立体化格局,即以旗舰媒体和六大央媒为先导,带动多方主体共同参与对外传播。近年来,我国着力培育了一系列重大外宣平台,构建"多主体、立体式的大外宣格局",实现从内容生产到信息传播的全球化、国际化转型。

二、重要概念

1. 主流媒体国际形象塑造策略

融媒体时代的到来,一方面推动了媒体传播的全球化,使得跨国媒体合作和跨文化传播更加广泛和便捷,传媒业必须保持开放和包容的态度,适应全球化的挑战和机遇,提升媒体的国际化水平。另一方面,使得外传背景更加复杂和变化多端,异质性和差异性的传播模式和策略将成为未来媒体传播和营销的重要趋势。在融媒体时代,主流媒体如何创新才能适应中国故事的传播和国际形象的塑造呢?

(1) 借势重要国际事件,打造独家"稀缺内容"

对于我国外宣媒体而言,除了在常规报道中讲述中国故事,更要抓住重大国际事件的机遇,考虑到受众实际需求,调动自身在内容方面的优势生产新闻价值大、获取难度大的"稀缺内容",并且持续深耕,寻找海内外受众的"痛点"与传播中国真实大国形象相结合的共通点,将"稀缺内容"打造成为最好的核心价值观传播载体。

如2021年7月,中国共产党庆祝建党100周年大会举行,当天,中国中央电视台(CCTV)以及其他央媒如新华社、《人民日报》等,都推出了一系列独家报道和分析。其中,CCTV推出了题为《初心万岁》的特别节目,呈现了中国共产党建党百年来的历史和成就。同时,央视还推出了一系列独家采访,包括采访习近平总书记等中国高层领导人,这些独家内容吸引了国内外的广泛关注,并引起热议。新华社、《人民日报》等也推出了一系列独家报道和分析,从不同角度深入解读了中国共产党百年历程和未来发展方向,为世界提供了独特的视角和思考。通过这些独家内容的呈现,中国在国际上树立了更为独特的形象,向世界展现了一个更加真实和全面的中国。

(2) 创新传播形式,打造多元传播矩阵

融媒体时代,技术的发展为中国故事提供了更为丰富的呈现方式和传播形态。当下,主流媒体的传播已经超越了单一媒体的传播模式,跨越了国家实体的边界。主流媒体在继续做好传统报纸、广播、电视的对外传播工作时,要积极利用具有优质内容的新媒体、自媒体平台,重视运用国内"三微一端"(微博、微信、微视频、客户端)及国外"GTFA"(谷歌、推特、脸书、亚马逊)所形成的立体式、内涵式传播渠道,增加大数据、云计算、5G、人工智能技术的运用,打造移动化、社交化、可视化、专业化、高品质的对外传播栏目和产品,为多层面的受众讲述生动的"中国故事"。

(3)寻求话题共鸣,重构新闻话语体系

哈贝马斯(Jürgen Habermas)曾提出过"主体间性"的概念,其中一个明显特征是共同的信念。理性交往的前提是传受双方的"意义空间"的共通,否则就将面临对空言说的窘况。在国际传播中,任何形式、内容的传播归根到底是文化和价值观输入与输出的融合与平衡。面对海外受众时,主流媒体要遵循国际通行的价值与标准,淡化官方意识形态浓厚的国际新闻传播,应根据海外受众特点,采取偏向个人化叙事的微观叙事结构,在多元文化传播的包容与认同中建立畅通有效的交流平台,充分拉近与海外受众的心理距离,用西方观众熟悉的表达方式讲述中国故事,进一步淡化宣传痕迹,增加外国受众对中国核心价值观的文化认同。

如《中国日报》(英文版)着力国际传播的同时也发展国内传播。截至 2021 年 12 月,中国日报客户端全球累计下载用户超过 3600 万;微博粉丝数超过 6400 万;微信订阅人数超过 1200 万;脸书账号粉丝数超过 1 亿,位居全球媒体账号粉丝数第二位;推特账号粉丝数超过 425 万。中国日报网在 2021 年 5 月推出的中英文双语视频《求索:美国共产党员的中国行》由美国共产党员、美籍记者伊谷然出镜主持,探寻中国共产党建党百年"密码",系列视频全球传播总量超过 4500 万,被海外主流媒体转引转载 200 多次,是我国媒体寻求话题共鸣、重构新闻话语体系的典型案例。

2. 融合新闻

融合新闻是指多种新闻媒体活动的整合,采用多媒体的方式进行多渠道的传播。最终呈现在受众面前的作品形态,不再是如传统报纸般单一文本的新闻,而是综合运用文字、图片、音频、视频等多种媒介元素来报道新闻,注重互动设置、关键词、超链接的运用,展示在多个媒介上的融合新闻。随着媒介融合的深入发展,传统新闻生产模式已不能满足受众的个性化需求。在融合新闻报道中,通过整合不同媒体的新闻资源和报道形式、流程实现多层次的传播效果,强调提升新闻服务品质、用户体验和呈现效果,进一步提高了媒体的传播能力。

3. 高低语境文化

高低语境文化这一概念最早由美国人类学家爱德华·霍尔提出,他根据文化中的主流交际方式划分了高语境文化和低语境文化。在高语境文化中,说话人用含蓄婉转的方式间接地表达自己的意思,期待听话人不仅能依赖上下文来理解自己的话,更能根据特定的社会环境、历史条件、社会关系,对说话人的意图作出正确的判断和理解。低语境文化则恰恰相反,说话人遣词用字的原则是直接、精确、易于理解。这一概念的提出是为了根据高低语境的差异来说明世界文化的多样性,它为跨文化交际提供了新的视角,拓宽了人们跨文化传播研究的视野。

三、案例导读

◇ 案例 4

北京冬奥会带来国际传播新突破

来源：《环球时报》，2022-02-21

如果说2008年北京夏奥会完成中国在世界中心舞台上的闪亮登场，那么2022年北京冬奥会则是新时代的中国以更加开放自信的姿态引领世界走出疫情阴霾、"一起向未来"的成功实践。以"简约、安全、精彩"为基本理念的北京冬奥会带来了对外传播理念和实践的突破，以更为多元、包容和年轻化的方式，借助高科技和数字化手段，探索基于文明共生、共享和共荣理念的跨文化传播新模式。

14年前，中国人民向世界发出"开放的中国盼奥运"和"北京欢迎你"等真诚而迫切的邀请，通过举办一届"无与伦比的奥运会"表达了期冀全面融入国际社会并得到广泛接纳的愿望。在百年变局和世纪疫情交织叠加的当下，新时代的中国则以一届"疫情下的伟大奥运会"向世界展示了东方式的浪漫、淡定和包容。2008年北京奥运会有效提升了中国的国家形象，而14年后则是在中国的引领和带动作用下实现了冬奥会的"破圈传播"，不仅提前实现了带动3亿人参与冰雪运动的目标，而且把以往被诟病为"小圈子汇报演出"的冬奥会拓展为"全球一起嗨"的顶流赛事。

本届冬奥会创下了参赛和获得奖牌的国家和地区数量历史新高，一些来自非洲、拉美和太平洋岛国的运动员克服种种困难，亮相冰雪赛道。作为史上首次实现转播全面"上云"的奥运赛事，北京冬奥会的数字化转型为其带来了有史以来最高的全球关注度。除了在瑞典、德国等冰雪运动强国创下了收视纪录，还强力拉动了来自"传统冬奥收视盲区"的南方国家和地区民众的关注。北京冬奥会在全球社交平台上已吸引了超30亿网民的关注，一些明星运动员账号的互动量超过10亿条。毫无疑问，北京冬奥会已经成为迄今为止收视率和网络关注度最高的全球顶流赛事之一。

北京冬奥会国际传播的数字化转型，不仅为全球民众带来了更为真实可感的视听体验和即时互动基础，也为推动从"开放中国"到"全球中国"国家品牌升维创造了契机。一方面，从谷爱凌、苏翊鸣到羽生结弦，从冰墩墩、"机器人调酒师"到冬奥选手吃播和基层志愿者互动，北京冬奥会以参与式和沉浸式"第三方传播"的手段，破解了少数西方媒体一以贯之的"灰黑滤镜"，借助于更加具有公信力和影响力的社交传播塑造了多维、立体、全面的"动感中国""萌态中国"和"乐活中国"的新形象。

另一方面，具有"第三文化人"特征的"Z世代"体育明星不仅在各自领域展现了全球合作和共享的成果，也建构了超越单一国族边界的跨文化主体想象。徐梦桃与美国运动员考德威尔赛后拥抱互祝"我们都是冠军""为你骄傲"的场面被广泛传播，在"新冷战"硝烟再起的当下显得弥足珍贵。谷爱凌在夺冠后发出的"体育可以团结所有人"是

新媒体新闻典型案例评析

"Z世代"应对"逆全球化"挑战的宣言,新生代青年群体正在解构传统"西方中心主义"视角下的"一元文化主体"叙事,展现了全球化时代的文化传播和"多元文化主体"生成的新路径。

【案例评析】

以"绿色、共享、开放、廉洁"为基本理念的北京冬奥会,正在见证中国以一种更为年轻、包容和开放的方式,拉开一场面向全球民众的数字化体育公共外交序幕,带来基于文化共生、共享和共荣理念的跨文化传播新模式。

作为超越民族、宗教、文明界限的"通用语言",体育成为世界各国交流的有效工具。在冬奥期间,新华网结合中国传统绘画技术推出《手绘长卷|北京2022年冬奥会场馆图鉴》全景展现冬奥主要场馆和比赛项目;中国网积极向海外网友宣介北京冬奥会,制作推出数据图解《冬奥关键词》;国际在线发布H5互动小游戏《我的冬奥村奇遇记》,通过闯关问答等形式向网友介绍北京冬奥村……北京冬奥会通过新媒体的国际传播,提高了中国的国际形象和知名度,同时也为中国媒体在国际传播中创造了新的机会和挑战。这也说明,新媒体已经成为国际传播中不可或缺的一部分,中国媒体需要在新媒体领域加强创新,不断提高传播能力,更好地向世界传递中国故事。

思考与讨论

1. 面对我国在国际传播中的困境,如何加强国家形象的跨文化共情传播?
2. 我国在国际传播媒体平台建设上进行了哪些创新,取得了什么样的成效?
3. 未来应如何建设更具鲜明中国特色和国际传播能力的融媒体传播体系?
4. 请结合我国主流媒体的传播案例,谈谈在跨文化传播中如何更好地创新内容形式,展现中国形象?
5. 请结合案例谈谈在国际传播中,如何在跨文化沟通和媒体语境方面避免文化误解和传播风险?

第八章 08

新闻媒介人员职业道德案例

第一节 新闻从业人员的职业道德

一、导语

社会主义核心价值观是中国特色社会主义文化的基础和精神支柱,是引领全体中国人民不断追求美好生活的道德指南。作为媒体行业的重要组成部分,新闻从业人员应当坚持社会主义核心价值观,积极践行职业道德。

新闻从业人员作为媒体行业的重要组成部分,扮演着报道新闻、传播社会信息的角色。他们不仅需要具备丰富的专业知识和技能,还需要遵守职业道德规范。新闻传播工作的本质是服务于人民群众,新闻从业人员的职业道德应当以人民为中心,关注人民群众的根本利益和最广泛的利益。新闻从业人员在报道中要严格遵守事实,不歪曲、不编造、不捏造事实;同时,在采访、报道中要尊重被采访者的隐私权和知情权,保护被采访者的合法权益。

新闻从业人员应当坚持社会责任意识,把维护社会稳定、促进社会和谐作为自己的职责和使命,积极反映社会生活中的正面事物和积极因素,批判负面事物和消极因素,倡导正义、公正、诚信、公益等社会价值观。

同时,新闻从业人员应当坚持道德自律。作为行业内的从业者,新闻人应该秉持崇高的道德标准,严格遵守职业道德规范,维护自身的信誉和形象;要以高度的责任感和自律精神要求自己,杜绝以权谋私、收受贿赂、利益输送等违反职业道德的行为。

新闻从业人员的职业道德是保证新闻质量和公众信任度的基石。只有遵循职业道德规范,才能够保证新闻报道真实、准确、客观,做到维护公众的利益。

二、重要概念

1. 职业道德

职业道德规范是指在某个职业领域中,人们所应当遵守的道德规范和准则。它是一种社会行为规范,具有行业性和职业性特征。职业道德对于职业从业者的行为和态度进行规范,促进了职业规范化、专业化、精细化的发展,对维护行业良好形象和行业长远发展起到了积极作用。

职业道德的概念涉及职业从业者的行为准则、职业伦理、社会责任等方面,与职业素养、职业技能、职业能力等密切相关。在职业道德的约束下,职业从业者在从事工作的过程中,遵守职业操守和职业规则,注重职业道德素养的培养和提高,保证了职业活动的合法性、公正性和正义性,保护了职业从业者的合法权益,也维护了社会公共利益。

在社会进步的过程中,职业道德发挥着至关重要的作用。在职业道德的约束下,职业从业者不仅要注重自身的职业发展和素养提高,还需要更多地关注社会公共利益和社会责任,做到合法、公正、诚信、有担当。只有职业从业者以高度的职业道德要求自己,才能有效地推动职业领域的规范化、规范化和精细化,从而推动整个社会的进步。

2.《中国新闻工作者职业道德准则》(2019年修订)(节选)

第一条　全心全意为人民服务。忠于党、忠于祖国、忠于人民,把体现党的主张与反映人民心声统一起来,把坚持正确舆论导向与通达社情民意统一起来,把坚持正面宣传为主与正确开展舆论监督统一起来,发挥党和政府联系人民群众的桥梁纽带作用。

第二条　坚持正确舆论导向。坚持团结稳定鼓劲、正面宣传为主,弘扬主旋律、传播正能量,不断巩固和壮大积极健康向上的主流思想舆论。

第三条　坚持新闻真实性原则。把真实作为新闻的生命,努力到一线、到现场采访核实,坚持深入调查研究,报道做到真实、准确、全面、客观。

第四条　发扬优良作风。树立正确的世界观、人生观、价值观,加强品德修养,提高综合素质,抵制不良风气,保持一身正气,接受社会监督。

第五条　坚持改进创新。遵循新闻传播规律和新兴媒体发展规律,创新理念、内容、体裁、形式、方法、手段、业态等,做到体现时代性、把握规律性、富于创造性。

第六条　遵守法律纪律。增强法治观念,遵守宪法和法律法规,遵守党的新闻工作纪律,维护国家利益和安全,保守国家秘密。

第七条　对外展示良好形象。努力培养世界眼光和国际视野,讲好中国故事,传播好中国声音,积极搭建中国与世界交流沟通的桥梁,展现真实、立体、全面的中国。

三、案例导读

◇ 案例1

对新修订《中国新闻工作者职业道德准则》的解读(节选)

来源:人民网、《中国记者》,作者:郑保卫、赵新宁,2020-02-11

内容提要:本文通过对2019年新修订的《中国新闻工作者职业道德准则》与2009年版准则的对比,分析新准则的产生背景、创新精神、责任担当和时代特征,说明新准则彰显了新时代的新要求和新境界。

关键词:《中国新闻工作者职业道德准则》修订背景;创新精神;责任担当;时代特征

观点提炼:新《准则》在强调要坚持以人民为中心的工作导向时,特别增加了"拜人民为师,向人民学习"的表述,这既是新闻工作者转变工作作风的重要举措,又是党的新闻宣传工作增进与群众感情的必然要求。

2019年12月15日,中华全国新闻工作者协会(下文简称"中国记协")第九届全国理事会第五次常务理事会审议通过了《中国新闻工作者职业道德准则》(下文简称新《准则》)向全社会公布,这是该《准则》于1991年中国记协第四届理事会一次会议通过,后历经1994年4月、1997年1月、2009年11月三次修订后的第四次修订。新《准则》较第三次修订,由7条28款增加到7条31款,内容更加丰富、具体、细化。

《中国新闻工作者职业道德准则》自颁布以来,在提升新闻工作者职业素养、促进新闻事业发展进步、加强新闻工作队伍建设方面发挥了积极作用。本次修订,立足新时代我国新闻工作面临的新形势,突出指导性,强调实践性,凸显了新准则的新境界。

【案例评析】

该文对新近修订的《中国新闻工作者职业道德准则》进行了深度解读,旨在对新闻工作者在新媒体时代下的道德规范和行为准则进行阐释,以提升新闻行业的专业性和社会责任意识。

文章首先阐述了新修订的职业道德准则对媒体从业人员道德规范的重要性和现实意义。特别强调了在社会持续发展、新闻行业不断变革的背景下,新闻工作者所面临的职业道德问题日渐复杂化。新准则深入研究了这些问题,提出了解决方案,为新闻工作者的职业发展路径指明了方向。

其次,文章突出了新修订的准则在监督职业道德上的作用。准则明确了新闻工作者在媒体传播中应遵守的道德规范,为媒体从业人员的职业操守和规范设立了标准,并对新闻行业的不良风气进行了批评和警示,从而提供了职业道德监督的依据和方法。

此外,该文章还特别提及,新修订的职业道德准则强调了新闻工作者的职业责任和操守,尤其是对网络新闻工作者的职业要求进行了强调。在互联网普及的今天,网络新闻成为公众获取信息的主要途径,因此,网络新闻工作者的职业规范需要与传统媒体从业人员相同,甚至更高。

总体而言,新修订的《中国新闻工作者职业道德准则》是一份具有里程碑意义的文件。它明确规定了新闻工作者在新媒体时代下应遵守的道德规范和行为准则,为新闻行业的持续健康发展提供了关键指导和支持。

思考与讨论

1. 请思考《中国新闻工作者职业道德准则》的出台与执行有什么现实意义。
2. 请梳理并总结《中国新闻工作者职业道德准则》的重点内容。
3. 请思考《中国新闻工作者职业道德准则》在实际工作中的作用。

◇ 案例2

坚守初心本色　用心描绘时代画卷
——第三十一届中国新闻奖获奖作品扫描

来源：新华网，作者：余俊杰、白瀛，2021-11-07

中华全国新闻工作者协会主办的第三十一届中国新闻奖评选结果7日揭晓。来自全国各级各类媒体的346件作品，获得这一中国新闻界最高奖项。

荣誉背后，是广大新闻工作者坚守初心本色，全面深入宣传党的创新理论，广泛传播党的主张，积极反映人民心声，用心描绘时代画卷，用力奏响时代强音。

弘扬时代主旋律　传播正能量

2020年是不平凡的一年。获得本届中国新闻奖的新闻作品，多视角聚焦我国政治经济社会领域的成就，深情讴歌在抗击疫情、脱贫攻坚中涌现出的先进典型，社会反响热烈。

《人民日报》任仲平文章《风雨无阻向前进——写在中国人民抗击新冠肺炎疫情之际》，全景回望全国人民万众一心共克时艰的感人过程，系统梳理在应对疫情中彰显的中国制度优势和取得的伟大成就，深刻思考抗击疫情带给我们国家和社会的深刻启示。

新华社长篇通讯《习近平的扶贫故事》系统梳理挖掘习近平同志40多年间走基层、入农户的扶贫故事，生动展现大国领袖的人民情怀，深刻体现中国共产党始终以人民为中心的初心与使命担当。

中央广播电视总台纪录片《同心战"疫"》，通过对大量事实和细节的系统化梳理，展现中国人民抗击新冠肺炎疫情这场艰苦卓绝斗争的全过程，向世界展示伟大的中国力量、中国精神、中国效率。

此外，陕西日报社通讯《杨叔的脱贫日记》、福建省广播影视集团纪录片《闽宁纪事》、中国日报网《老外看小康中国》等获奖作品从不同的角度记录打赢脱贫攻坚战这一伟大历史性成就中的典型事件和变迁变化，解读决胜密码，彰显中国精神。

用心服务人民　推动社会进步

广大新闻工作者坚持以人民为中心，利用手中的笔、话筒和镜头，用一篇篇有思想、有温度、有品质的作品，用心用情服务人民群众，推动社会进步。

山东广播电视台《问政山东》等新闻专栏关注社会热点和民生民情，搭建地方党委政府和人民群众良好互动桥梁。

四川广播电视台电视评论《智能生活不能"屏蔽"老人》，将镜头聚焦"数字鸿沟"下的老人，以大量鲜活的场景反映老年人对智能化设备的适应程度，在夹叙夹议中探究老年人遭遇"数字鸿沟"的原因，从政策、社会、家庭等方面探究填平"数字鸿沟"的办法。

经济参考报社文字通讯《青海"隐形首富"：祁连山非法采煤获利百亿至今未停》关注现实，针砭时弊，激浊扬清，展示新闻力量和职业精神。

新华日报评论《警惕"精致的形式主义"》揭批形式主义歪风，体现了强烈的现实针对性、敏锐的社会洞察力与自觉的媒体责任感。

新疆日报刊播的《昔日围着锅台转　今天握上方向盘　墨玉县一村庄95名妇女考驾照》，以具有强大说服力的事实，展现南疆大地人民群众追求现代文明幸福生活的崭新图景。

坚持守正创新　加快融合发展

新时代以来，媒体融合发展风生水起，越来越多的融媒体新闻产品涌现，用鲜活生动的表达方式吸引受众，有效提高了新闻舆论传播力、引导力、影响力、公信力。

系列微纪录片《第一书记》、创意互动报道《今天，发条微信一起点亮武汉》、融合创新报道《听·见小康》……本届中国新闻奖获奖作品中，一批优秀融媒体产品集中展示了我国媒体融合发展的实践成果。

人民日报客户端短视频专题报道《生死金银潭》是深度报道武汉定点医院隔离"红区"的纪录片，实现了境内外多语种、多版本、全平台、全渠道、全媒体传播，让受众深刻理解了何为"人民至上、生命至上"的中国抗疫理念。

新华社客户端移动直播《巅峰见证——2020珠峰高程登顶测量》，实现珠峰高海拔5个营地的影像采集，以全息影像方式立体、全景呈现珠峰攀登之路，实现了重大主题融合报道策划组织、新技术应用和多形态同步直播等多项创新。

芒果云客户端创意互动报道《一张照片背后的这七年》从习近平总书记与湘西十八洞村村民的一张合影切入，通过H5"照片＋文字＋视频＋音乐"的创意互动形式，生动形象地反映了"精准扶贫"在十八洞村结出的累累硕果。

【作品评析】

在数字化、多元化的新媒体时代，新闻工作者所面临的挑战和机遇前所未有。该作品以中华全国新闻工作者协会主办的第三十一届中国新闻奖为切入点，展现了中国新闻界的成果和行业发展。文章结构清晰，从弘扬时代主旋律、服务人民推动社会进步以及坚持守正创新多个角度进行了论述，引导我们从以下几个方面进行理解：

坚守职业原则：作品凸显了新闻作品在反映国家和社会发展中的主要事件和成果时，应坚守事实和真相，这与新闻记者职业道德中的客观、公正原则相吻合。如新华社长篇通讯《习近平的扶贫故事》和人民日报任仲平的文章《风雨无阻向前进——写在中国人民抗击新冠肺炎疫情之际》，均以事实为依据，公正、客观地报告了中国的抗击疫情过程以及国家建设的成果。这些作品遵循了新闻工作的客观、公正原则，以实际行动坚守了新闻工作者的职业道德。

反映民生关切：作品展现了我国的新闻作品如何关注社会热点和民生，从新闻报道中体现出新闻记者的社会责任和人民为中心的思想。如四川广播电视台的电视评论《智能生活不能"屏蔽"老人》，经济参考报社通讯作品《青海"隐形首富"：祁连山非法采煤获利百亿至今未停》等，这些作品均关社会热点和人民的生活问题，体现了新闻记者站在人民的角度，反映人民的关切，尽职尽责地发挥新闻舆论的社会服务功能。

融合与创新：作品展现了在新媒体时代，如何通过多种融媒体形式进行新闻报道，体现了新闻工作者在新媒体背景下应具备的创新能力和技术运用能力。如微纪录片《第一书记》和融合创新报道《听·见小康》，这些新闻作品使用了新媒体技术，通过创新的表达方式吸引受众，提高了新闻的传播力和影响力。

总体而言，这篇文章在传递中国新闻行业的最新动态和成果时，充分展现了新闻工作者的职业精神和职业道德。第三十一届新闻奖获奖作品展现了新闻工作者坚守职业道德，用心服务人民，坚持深度报道和创新传播的坚持。各类媒体平台与形式的多样化使新闻传播覆盖了更广泛的领域，让更多人参与到社会事件的反思与讨论中。这些作品激励我们要继续深化新闻报道的质量和深度，同时也提醒我们，在新媒体时代，新闻工作者更应以人民为中心，坚守新闻真实性，有效地传播党的主张，积极反映人民心声，用心描绘时代画卷，推动社会进步。

思考与讨论

1. 第三十一届中国新闻奖评选结果有哪些亮点？
2. 获奖作品在哪些方面体现了新闻工作者的初心和本色？
3. 广大新闻工作者如何以人民为中心，用心用情服务人民群众，推动社会进步？

第二节 新媒体的社会责任和公民的媒介素养

一、导语

由于新闻传播具有影响广泛的公开性、扩散性和共享性，新闻媒体在享有其职业权利，施展其信息传播力和舆论影响力的同时，理应承担相应的公共责任。这不仅是世界媒体普遍认同的职业要求，更是我国媒体应该遵循的职业道德和职业操守。新闻媒体既是当代中国改革发展的见证者、记录者，又是中国特色社会主义的建设者、参与者，在服务党和国家事业发展中实现着新闻舆论工作的内在价值。因此，坚持马克思主义新闻观，必须强化媒体的社会责任。

新闻媒体的社会责任，即作为新闻传播媒介和舆论引导者的社会职责与公益担当。它也是新闻事业、新闻媒体以及新闻舆论工作者在新闻传播活动中应恪守的行为准则与应承担的社会义务。

信息传递是新闻媒体最基本的社会责任之一。作为信息传播的重要渠道，新闻媒体应当及时、客观、真实地传递各种信息，帮助公众获取准确的信息，为公众作出正确的决策提供帮助。除了及时和真实地报道，新闻媒体还应当具备客观的特点。对于同一事件或话题,新闻媒体应当采用不同的视角和角度进行报道,以体现社会的多元性和复杂性。这样可以避免出现单一视角的报道,让公众能够更全面地了解事件背景和影响,作出更准确的判断。

新闻媒体还负有维护社会道德风尚的责任,新闻媒体应当在传播社会价值观、道德规范方面发挥积极作用,促进社会的道德风尚,传递正能量,引导公众关注社会责任、家庭美德等。关注弱势群体的权益,推动法治建设和司法公正等,为维护社会公平正义发挥应有的作用。

在新媒体环境中,人们可以通过互联网和社交媒体平台轻松地获得信息和发布信息。这种自由和信息传播方式使得公民的媒介素养变得更加重要。从媒介素养的角度来说,公民需要具备以下几个方面的知识技能。

(1) 评估信息的能力

在新媒体环境下,大量信息被传播,但并不是所有信息都是准确、可信的。公民需要根据信息的来源、内容和背景,判断其可信度,避免被虚假信息误导。

(2) 遵守法律和道德规范

在新媒体环境下,公民可以自由地表达自己的观点,但这并不意味着可以随意发表任何言论。公民需要遵守法律和道德规范,避免发布具有歧视、暴力或不实内容的信息。

(3) 保护个人信息安全

公民的个人信息在新媒体环境下可能会被泄露或滥用。公民需要了解如何避免信息过滤,如何获取多元的信息,理解信息的多样性和包容性;更需要了解如何保护自己的个人信息安全,包括如何使用安全的密码、如何避免点击恶意链接等。

可见,公民的媒介素养不仅关乎个人的信息获取和交流,更关乎整个社会的信息健康和稳定发展。新闻媒体在推动文化创新和传承上,应当以传递文化、弘扬文化、传承文化为宗旨,为社会文明进步作出积极的贡献;同时也应该积极履行社会责任,引导公民提高媒介素养,推动媒体融合、创新发展,为传媒产业的发展作出贡献。

二、重要概念

1. 新媒体的社会责任

新媒体同样需要承担媒介的社会责任。虽然新媒体和传统媒体在传播形式和方式上存在很大的差异,但它们都是媒介,都具有传播信息的功能和作用,因此都需要承担相应的社会责任。

新媒体往往比传统媒体传播速度更快、传播范围更广,这使得新媒体更应承担社会责任。在信息传播的过程中,新媒体需要注重信息的真实性、客观性、全面性和权威性,尤其需要警惕虚假信息、谣言和恶意信息的传播。同时,新媒体也需要担负起关注社会公平正义、维护社会道德风尚、推动文化创新和传承等方面的责任。

新媒体所承担的社会责任还包括维护信息安全和网络安全。随着互联网的快速发展，网络安全问题已经成为全球性的问题，各种网络犯罪和网络攻击时有发生。新媒体需要保护用户的隐私和个人信息，防范黑客攻击、病毒入侵、恶意软件等安全威胁。

不仅新媒体应该积极承担自身的社会责任，广大新媒体工作者也应通过不断提升自身的道德水平、信息素质和技术能力，为社会的进步和发展作出应有的贡献。

2. 媒介素养

媒介素养是指一个人对不同媒介形式的理解、使用和评估能力。具体而言，媒介素养包括以下几个方面：

（1）媒介的理解能力

包括对不同媒介形式的认知和了解，如文字、图像、音频、视频等。一个具有良好媒介素养的人应该能够理解不同媒介形式的特点、优缺点以及使用场景。

（2）媒介的使用能力

包括使用各种媒介形式进行信息获取、传达和沟通的能力。具有良好媒介素养的人应该能够熟练使用各种媒介工具和平台，如社交媒体、搜索引擎、通信软件等，以达到自己的目的。

（3）媒介的评估能力

包括对信息真实性、可靠性和准确性进行评估的能力。一个具有良好媒介素养的人应该能够识别虚假信息、了解信息来源的可靠性和独立性、理解信息背后的利益关系和信息加工方式等。

（4）媒介的创造能力

包括使用不同媒介形式进行信息创作和传播的能力。一个具有良好媒介素养的人应该能够使用文字、图像、音频、视频等媒介形式创造内容，并理解如何将内容传达给不同的受众。

公民的媒介素养涵盖了个人在数字媒体领域中的技术、文化、社会和政治方面的能力。它包括对媒介的理解、使用、评估和创造四个方面，是一个重要的综合能力，对于人们在当代数字化媒体环境中获取、评估和利用信息非常重要。公民的媒介素养是一个不断发展的概念，因为数字媒体技术的不断变化和发展，需要不断更新和加强个人的媒介素养以应对新的媒体形式和技术。

三、案例导读

◇ 案例3

追光路上，于平凡中见证伟大时代——解读第32届中国新闻奖湖南获奖作品

来源：红网，2022-11-22（有删减）

编者按：纸上波澜，笔下春秋，新闻工作者是记录者、参与者、推动者。他们竭尽所能,弘扬主旋律,传播正能量。这是一种使命!更是一束荣光!

社会变迁,时代进步,广大新闻工作者总有一份在奔跑中勇毅坚守的笃定,总有一份在混沌中不畏浮云的澄明,总有一份在纷繁中敬戒自持的初心。执笔芳华、艰行千里,抒写奇迹、见证伟大,"追光之人"终将繁华加身,立于追光之下!

记录时代风云,不负崇高使命。

11月8日,北京,记者节当天,第32届中国新闻奖评选结果揭晓。来自全国各级各类媒体的376件作品荣获中国新闻奖,其中,湖南有19件新闻作品斩获殊荣,获奖总数居全国前列。

这项全国新闻行业的最高奖项,对于各新闻单位和每一位媒体人来说,都有着重要意义。纵观湖南获得第32届中国新闻奖的19件作品,既有充满人民情怀、内涵深刻的主题报道,又有站位高、说理严谨的评论文章,还有短小精悍的消息,以及形式新颖的新闻漫画、融合报道……这些新闻精品背后,蕴含的是湖南新闻工作者于平凡中见证伟大时代的真情记录,折射出的是他们对新闻事业永不停息的孜孜追求。

附:第32届中国新闻奖湖南获奖作品名单

一等奖

系列报道 《国之大者》 湖南广播电视台

新闻编排 《坐上火车去老挝》 湖南广播电视台

新闻专栏 《村村响大喇叭》 湖南广播电视台广播传媒中心

典型报道 《杂交水稻之父——袁隆平》 湖南广播电视台

二等奖

消息 《(今天,我们一起送别袁隆平院士)倾尽一城花 送别一个人》 湖南广播电视台

新闻专题 《为有牺牲》 湖南广播电视台

重大主题报道 《百炼成钢·党史上的今天》 湖南广播电视台

国际传播 《我们都是追梦人》 芒果TV

融合报道 《H5|手机里的小康生活》 新湖南客户端

三等奖

消息 《燃!珍贵"月壤"完成正式交接 存储韶山》 红网

评论 《见证三湘儿女矢志不渝的奋斗——"矮寨不矮、时代标高"系列评论之一》《湖南日报》

新闻专题 《格桑花开雪域边陲——苹果树下的科学梦》 湖南广播电视台(与西藏广播电视台共同制播)

新闻专题 《青春正当时——高原上的女兵班》 芒果TV 系列报道 《"湘"土新生代》《湖南日报》

新闻摄影 《守护生命》《湖南日报》

新媒体新闻典型案例评析

新闻漫画 《十八洞村：走上幸福大道》 《湖南日报》

新闻访谈 《美国抗疫 何以"第一"》 湖南广播电视台 卫视频道

【案例评析】

媒体作为社会的一部分，承担着引领公众舆论和社会发展方向的重要角色。在现代社会，随着信息技术的不断发展和普及，媒体的影响力也日益扩大。因此，媒体在承担社会责任的同时，也应该认识到自身的影响力和责任，遵循职业道德，积极参与社会发展，为公众提供有价值的信息和思想引领。

传媒产业发达的湖南省，涌现出许多具有代表性的媒体和个人。我们从获得第32届中国新闻奖的名单中，以红网的报道为线索，透过湖南媒体的获奖作品来看媒体的社会责任。

例如，红网获奖新闻作品《燃！珍贵"月壤"完成正式交接存储韶山》，就是媒体在推动科技发展和弘扬爱国主义精神方面积极发挥作用的一个典范。文章介绍了湖南籍科学家吴建民教授带领团队成功从月球上带回样品并完成存储的消息，引起了社会广泛关注和热议。该报道既体现了媒体的新闻价值，也促进了公众对科技发展的了解和认知，同时也表现了媒体对国家科技事业的关注和支持。

此外，湖南媒体还通过扩大国际话语权的方式，积极推动中华文化的传播和交流。如芒果TV获得二等奖的作品《我们都是追梦人》，文章通过讲述一位墨西哥留学生在中国学习和生活的故事，展现了中华文化的魅力和吸引力，促进了中国与墨西哥的文化交流和合作。此类报道不仅丰富了国际舆论环境，也提高了中国文化在国际上的影响力和美誉度。

除了以上几个方面，湖南媒体在扩大地方文化和传统价值观、传递生活中的美好故事、弘扬爱国主义精神等方面也发挥了积极作用。例如《湖南日报》获得三等奖的作品《十八洞村：走上幸福大道》，通过讲述湖南省平江县十八洞村在脱贫攻坚中的经验和故事，展示了地方文化和传统美德的魅力，同时也为公众提供了一个具有启示意义的样本。此外，湖南广播电视台卫视频道的新闻访谈《美国抗疫 何以"第一"》，对美国疫情防控的不足和经验进行了深入分析和探讨，引导公众了解疫情、提高防控意识，推动我国疫情防控工作的顺利开展。

从湖南媒体的获奖作品中可以看出，媒体在现代社会中承担着重要的社会责任，需要具备高度的职业道德和责任感，要在记录、参与和推动社会发展中发挥积极作用。湖南媒体在关注社会热点问题、推动社会舆论的发展、传播正能量、宣传党史文化、扩大新闻媒体的国际话语权、传递地方文化和传统价值观、发挥媒体的监督作用等方面都取得了一定成绩，履行了媒体的社会责任，给我们带来了优秀的新闻作品和精神财富。

思考与讨论

1. 新闻工作者在记录新闻时应该遵循什么样的职业道德和社会责任？

2. 媒体作为社会的一部分,承担着引领公众舆论和社会发展方向的重要角色。请举例说明媒体在现代社会中的社会责任。

3. 请思考新媒体平台应怎样践行社会责任。

第三节 专题:这些媒体人了不起!

一、导语

随着信息技术的快速发展,新媒体已经成为人们获取新闻资讯的主要途径之一。随之而来的是,媒体人的工作范围和职责也在不断扩大和升级,需要具备更高的技术知识和创新能力,才能更好地适应和引领这个时代的发展趋势。

新的媒介传播环境下,媒体人所做的工作不仅仅是记录新闻,更是引领公众舆论和社会发展的方向。从近几年公布的新闻人员获奖名单上,我们看到了一个群体积极担当着媒体人的社会责任,用自己的专业素养和职业精神为社会作出了贡献。

2020年12月,因"用调查性报道维护社会公平正义",新闻记者王文志被全国普法办、司法部和中央广播电视总台评选为"2020年度法治人物"。王文志的调查报道作品具有强烈的责任担当。在青海祁连山非法采煤问题上,他经过长达两年多的调查,采写了《青海"隐形首富":祁连山非法采煤获利百亿至今未停》一文,引起了强烈的社会反响和巨大的舆论冲击波,为该问题的整治提供了重要助力。这篇报道荣获了第三十一届中国新闻奖一等奖。他用实际行动充分展现了媒体人职业道德中的"真实性""公正性"和"社会责任感",成为全国新闻界中的佼佼者,也成为公众心目中最为优秀的媒体人之一。

2021年,香港媒体人陈贝儿以其出色的职业道德和专业素养,拍摄制作了豆瓣高分纪录片《无穷之路》,以特有的方式真实地展现中国脱贫的历程。她的团队一行5人,历时3个月,穿梭全国6个省份,10个脱贫地区,深入川藏高原、戈壁沙漠、翻山越岭,以真实、严谨、感人的方式记录了中国发展变化的历程。她和团队成员以深入实际、勿忘人民的新闻情怀、不畏困难的职业精神,坚定地将自己视为党的政策主张的传播者、时代风云的记录者、社会进步的推动者、公平正义的守望者,始终将对党和人民的热爱化为对新闻事业的忠诚,为宣传党的路线、方针、政策,为相关制度化治理措施的出台,作出了有益的舆论推动。陈贝儿也因此被评选为"感动中国2021年度人物"。

2022年,海南日报社摄影部主任李英挺获得全国新闻者工作奖最高奖提名。他在采访中遵守新闻职业道德准则,严格遵循实事求是、客观公正、真实可信的原则,用他的镜头记录下了时代的重要瞬间,为新闻事业作出了巨大的贡献。

> **新媒体新闻**
> **典型案例评析**

在汶川大地震期间,李英挺深入灾区,克服各种困难和危险,用他的摄影技术记录下了大量震灾中的感人瞬间,为全国人民呈现了一幅难忘的历史画卷。此次工作中,李英挺对灾区人民的尊重和对灾情的真实记录,赢得了人民群众和业界的高度赞誉和信赖。李英挺还多次荣获各种荣誉称号,如"全国抗震救灾模范""中宣部宣传文化青年英才""海南省先进工作者""海南省优秀新闻工作者"等,这些荣誉不仅证明了他的工作能力和业绩,更重要的是表明他在职业道德上的高度要求和规范,这是一种自我要求和监督,也是对职业道德的高度维护。作为一名优秀的新闻人物,李英挺的职业道德充分体现了媒体人的社会责任和使命感,这样的精神值得业界学习和推崇。

还有获得第33届中国新闻奖的荔枝FM新闻团队,他们通过数字化的方式,将新闻生产和传播方式进行了创新,形成了一种新的新闻媒介形态。他们专注于聚焦当下年轻人关注的问题,从不同的角度深入分析,用更加生动、接地气的方式呈现给年轻人。他们的创新性实践在一定程度上推动了新闻生产的升级,为新媒体时代的新闻传播作出了贡献。

这些新闻人的故事和经历,为我们展现了新闻人所具备的职业道德和责任感。他们的报道不仅是传递信息,更是为公众服务的平台,扮演着引领公众舆论和社会发展方向的重要角色。

新媒体时代的到来,让新闻人面临更严格的职业道德和社会责任要求。在信息泛滥、虚假新闻肆虐的今天,新闻人要更加严谨、客观、公正地报道事件,传递真实的信息和思想,绝不能让自己成为谣言和假新闻的传播者。

同时,新媒体时代也给新闻人提供了更多的机会和挑战,让他们更加紧密地联系着社会和受众,更好地发挥引领公众舆论和社会发展方向的作用。在这个时代背景下,我们要学习上述新闻媒体的代表人物,不断开拓创新,秉持着职业道德和社会责任,用自己的笔端传递更多的正能量,引导着公众的思考和行动。

新闻人的职业道德和社会责任是永恒的话题,无论是传统媒体还是新媒体,都需要新闻人以饱满的热情、严谨的态度和精湛的技艺,用自己的笔端传递着更多的真实信息和正能量,为社会发展和人民幸福作出更大的贡献。

二、重要概念

1. 中国新闻奖

中国新闻奖是中国最高级别的新闻奖项之一,由中华全国新闻工作者协会主办,每年评选一次。该奖项的设立是为了表彰在新闻报道、评论、摄影、新闻笔会等领域中作出杰出贡献的媒体和个人。中国新闻奖的评选自1990年开始,是中国新闻界最具影响力、最具权威性的奖项之一。

在过去几十年的发展中,在不断地调整和完善奖项的设置,以适应新闻业的发展和需求。从最初的"新闻报导奖""新闻评论奖""新闻摄影奖""新闻笔会奖",到后来增设的"网络新闻奖""新闻调查奖""新闻特写奖"等奖项,每个奖项都是为新闻业的变化和发展而设立的。此外,中国新闻奖还设置了"年度人物提名奖""特别贡献奖"等奖项,以表彰对新闻事业作出杰出贡献的个人和机构。

随着新闻媒体的不断发展和技术的不断进步,中国新闻奖也在不断调整和完善自身的评选标准和评选方式,以适应新闻业的发展和需求。例如,在2018年的第28届中国新闻奖评选中,新增设媒体融合奖项,以适应新媒体时代的发展趋势。

2. 中国新闻奖中和新媒体相关的奖项

(1) 网络媒体作品参评项目

① 新闻专题类:综合运用图片、文字、音视频、Flash等多媒体手段和多种新闻体裁,从不同角度全面报道同一新闻事件或同一新闻主题的作品,含新闻访谈作品。

② 页(界)面设计:新闻网站首页、新闻频道首页或新闻专题首页,包括移动端发布的新闻作品界面。

(2) 媒体融合奖项

① 短视频现场新闻:在移动端首发的视频新闻。

② 短视频专题报道:在移动端首发的视频专题报道(含微纪录片)。

③ 移动直播:与新闻性事件的发生和发展同步采集现场信号并发布,集现场报道、背景介绍与事态分析等于一体的新闻作品。对同一新闻事件进行的间断性直播选取其中1个完整直播段参评。跨年直播的作品,首次播出时间在上一年度,作品主体部分在上一年度完成的,计入上一年度。

④ 创意互动:以用户交互为主要特征,发布方与用户方形成完整新闻传播链条的新媒体作品。

⑤ 融合创新:在媒体融合报道方面具有示范性,产生强烈社会反响的重大创新新闻作品。

(3) 国际传播奖项

中国媒体的对外报道,以及有效影响了国际舆论的新闻作品(体裁及类别同其他项目),包括以国际传播为研究对象的新闻论文。

◇ **案例4**

点赞!三八红旗手新鲜出炉,新闻战线有这些个人和集体入围……

来源 中国记协网,2023-03-03

日前,全国妇联决定,授予10人"全国三八红旗手标兵"称号,授予298人"全国三八红旗手"称号,授予199个单位"全国三八红旗集体"称号。

其中,新闻战线包括:于菲等同志获得"全国三八红旗手"称号;绥化日报社等集体获得"全国三八红旗集体"称号。根据全国妇联女性之声微信公众号报道,我们整理了这份名单,向这些个人和集体表示崇高敬意。

全国三八红旗手

于 菲 北京广播电视台生活节目中心《医者》栏目制片人

吴梦知 湖南快乐阳光互动娱乐传媒有限公司(芒果TV)副总经理、节目中心总经理

何苗苗 重庆广播电视集团(总台)融媒体新闻中心主持人

缪春云 贵州省公安厅政治部新闻宣传处主任记者,人民公安报贵州记者站副站长

韩 洁 新华社国内部中央新闻采访中心经济采访室副主任

王 军 人民日报社总编室要闻一版编辑室主编

全国三八红旗集体

绥化日报社

杭州电视台生活频道大型活动团队

景德镇日报社

大众报业集团(大众日报社)期刊中心

新疆生产建设兵团第一师融媒体中心新媒体部

人民日报社人民网网上群众工作部

中央广电总台新闻新媒体中心《国际锐评》栏目组

【案例评析】

2023年3月,一批媒体人被授予"全国三八红旗手"称号,以表彰她们在妇女事业方面的杰出贡献。这些媒体人包括记者、编辑、摄影师等,她们在新闻报道中秉持了高尚的职业道德标准,以妇女权益为出发点,展示了社会各个领域中妇女所取得的进步和面临的挑战。

这些媒体人的职业道德标准值得肯定。作为新闻从业人员,她们以真实、客观、公正的态度去报道事件。在报道中注重人文关怀,尊重妇女权益。在工作中,她们以女性视角承担了媒体工作带来的压力和挑战,充分展现了女性在社会领域中所发挥的作用,宣传了社会主义在经济、政治、文化等方面所取得的成就。这样的报道不仅可以促进人们对世界的认知和理解,也为新闻事业的发展作出了贡献。

从这些获奖的媒体人身上,我们看到的不仅是她们个人的荣誉,也是整个新闻行业的荣誉。新闻从业人员的职业道德是新闻事业长久发展的重要保障,是他们在新闻报道中赢得公众信任的基础。这群获奖的媒体人以媒体的社会责任为出发点,坚持职业道德标准,为新闻事业树立了良好的榜样,展现了新闻从业人员的责任与担当。同时,妇女事业的发展需要社会全体成员共同努力,新闻媒体应该发挥引导作用,推动社会的妇女事业进步。该案例也提醒我们,新闻从业人员应该以社会责任为出发点,坚持职业

道德标准,履行媒体责任,展现新闻从业人员的职业素养和社会价值。

思考与讨论

1. 这些获得荣誉称号的媒体人在自己的工作岗位上作出了哪些贡献?她们的报道或行动对新闻事业的发展有哪些具体的影响?

2. 在实践过程中,这些媒体人是否遇到了困难和阻力?她们是如何应对和解决这些困难的?

3. 在当前信息时代,新闻媒体的报道往往存在着"炒作""点击量至上"等问题,如何在新闻报道中避免这些问题,坚持媒体人的职业道德标准?

参考文献

[1] New Media Consortium. A Global Imperative：The Report of the 21st Century Literacy Summit[EB/OL].(2005-08-01)[2018-01-18].http://www.nmc.org/publications/global-imperative.

[2] 习近平.加快推动媒体融合发展 构建全媒体传播格局[J].前线,2019(4):4-7.

[3] 南长森,周文豪.技术驱动与守正创新:2019年新闻传播学科研究综述[J].长安大学学报(社会科学版),2020,22(4):71-85.

[4] 林书兵,李淮芝,陆丹,等.新媒体时代下的媒介教育改革与实践:以新媒体概论课程为例[J].当代教育理论与实践,2018,10(4):36-43.

[5] 秦可媛.论新媒体传播对文化价值的影响[J].中国报业,2023(6):22-23.

[6] 杜凯.新媒体社交化传播对电视新闻节目制作的影响分析[J].新闻文化建设,2022(15):176-177.

[7] 李晓宇,张巨才.短视频新闻:融媒时代电视新闻的创新转向[J].青年记者,2021(20):75-76.

[8] 庞金友.网络时代"后真相"政治的动因、逻辑与应对[J].探索,2018(3):77-84.

[9] 刘涛.等.融合新闻学[M].北京:高等教育出版社,2021.

[10] [美]珍妮特·柯罗茨.融合新闻学实务[M].嵇美云,译.北京:清华大学出版社,2016.

[11] [美]罗伯特·福特纳.国际传播:"地球都市"的历史、冲突与控制[M].刘利群,译.北京:华夏出版社,2000.

[12] [美]赫伯特·阿特休尔.权力的媒介[M].黄煜,裘志康,译.北京:华夏出版社,1989.

[13] [英]斯图亚特·霍尔.电视话语中的编码与解码[M].罗纲,刘象愚,译.北京:社会科学出版社,2000.

[14] 史安斌.新时代国际传播能力建设的新思路新作为[J].国际传播,2018(1):8-15.

[15] 沈正赋.讲好中国故事的叙事逻辑与媒体策略[J].国际传播,2018(3):26-31.

[16] 张敬亚.中国新闻奖"脱贫攻坚"主题新闻故事化表达研究(2013—2020)[D].石家

庄:河北经贸大学,2022.

[17] 曹云雯.获奖评论赏析[M].北京:人民日报出版社,2020.

[18] 张铁,李洪兴.写好全媒体时代的"大评论":人民日报评论融合发展的思考[J].新闻战线,2022(11):17-19.

[19] 成文胜,齐茗馨.网络新闻评论内涵和外延的变与不变[J].青年记者,2019(9):18-20.

[20] 王俊赛,张菊兰.新媒体时代网络新闻评论特征分析[J].今传媒,2019,27(4):120-122.

[21] 唐维红.网络评论人的追求与梦想:写在人民网原创评论"人民时评"获中国新闻奖之后[J].网络传播,2006(8):34-35.

[22] 喻频莲.论《人民日报》与人民网评论的优势及其互补[J].长江大学学报(社会科学版),2014,37(5):188-191.

[23] 毕铭瑶.新闻记者职业道德修养的重要性与培养研究[J].现代交际,2017(11):177.

[24] 赵友平.新媒体时代新闻写作语言视觉化探讨[J].新闻文化建设,2023(8):41-43.

[25] 朱思昊.机器新闻写作的发展、问题和未来[J].西部广播电视,2023,44(6):7-9.

[26] 黄斐.超越专业主义:马克思的新闻写作[J].青年记者,2023(5):101-103.

[27] 职新建.融媒体时代的新闻写作技巧初探[J].新闻世界,2023(2):78-80.

[28] 曾薇,焦俊波,曾真.新闻写作"叙事能力进阶"教改实践[J].青年记者,2023(2):106-108.

[29] 王贤修.新媒体时代新闻写作教学模式创新研究[J].新闻研究导刊,2022,13(21):194-196.

[30] 张振亭,彭晶晶.知识与修辞:数字时代新闻写作的"技艺":以唐驳虎新冠肺炎疫情作品为例[J].青年记者,2022(20):57-59.

[31] 魏建君.化大为小 短而不淡 鲜活易读:分析现场短新闻写作[J].新闻传播,2022(20):119-120.

[32] 皇甫胜彬.新媒体时代新闻写作的变化趋势[J].记者摇篮,2022(10):21-23.

[33] 彭昆.新媒体时代广播电视新闻写作新诉求探究[J].新闻传播,2022(16):74-76.

[34] 施媛媛,王惠雯,孟楠.融合新闻视域下H5新闻报道特色及创新路径——以第28—32届中国新闻奖H5新闻获奖作品为例[J].科技传播,2023,15(4):67-71.

[35] 王瀚尧.融合新闻视角下我国脱贫攻坚报道的对外传播:以CGTN H5新闻为例[J].传播与版权,2023(2):7-9.

[36] 赖秋羽.从"点""线""面"维度看H5新闻创新[J].青年记者,2023(1):78-80.

[37] 赵建博,肖涛.基于叙事视角分析中国新闻奖H5新闻获奖作品[J].新闻传播,2022(22):28-30.